어휘

영어전략
중학 3
BOOK 2

이 책의 구성과 활용

이 책은 3권으로 이루어져 있는데
본책인 BOOK1, 2의 구성은 아래와 같아.

주 도입

재미있는 만화를 통해 한 주 동안 학습할 내용이 무엇
인지 미리 살펴봅니다.

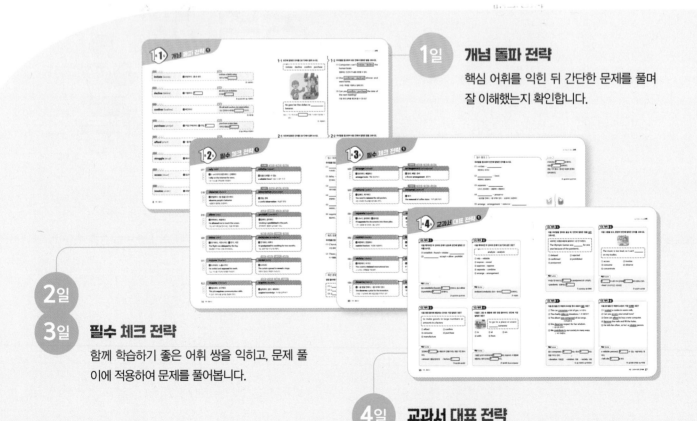

1일   **개념 돌파 전략**

핵심 어휘를 익힌 뒤 간단한 문제를 풀며
잘 이해했는지 확인합니다.

2일
3일   **필수 체크 전략**

함께 학습하기 좋은 어휘 쌍을 익히고, 문제 풀
이에 적용하여 문제를 풀어봅니다.

4일   **교과서 대표 전략**

내신 기출 문제의 대표 유형을 풀어 보며 실제 학교 시험
유형을 익힙니다.

부록 **시험에 잘 나오는 개념 BOOK**

부록은 뜯어서 미니북으로 활용하세요!
시험 전에 개념을 확실하게 짚어 주세요.

주 마무리와 권 마무리의 특별 코너들로
영어 실력이 더 탄탄해질 거야!

주 마무리 코너

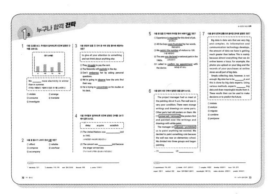

누구나 합격 전략

쉬운 문제를 풀며 앞서 학습한 내용을 정리하고 학습
자신감을 높입니다.

창의·융합·코딩 전략

융복합적 사고력과 문제 해결력을 키울 수 있는 재미
있는 문제를 풀며 한 주의 학습을 마무리합니다.

권 마무리 코너

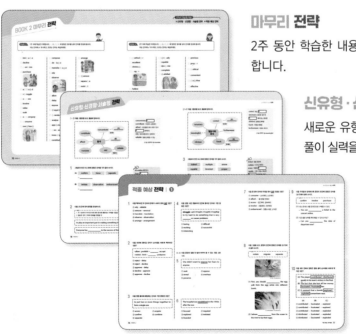

마무리 전략

2주 동안 학습한 내용을 한눈에 정리하며 어휘를 총정리
합니다.

신유형·신경향·서술형 전략

새로운 유형의 다양한 서술형 문제를 풀며 문제
풀이 실력을 키웁니다.

적중 예상 전략

예상 문제를 풀며 실제 학교 시험에
대비합니다.

이 책의 차례

BOOK ❶

1주 동사 1

1일 개념 돌파 전략 ❶, ❷ ·········· 08

2일 필수 체크 전략 ❶, ❷ ·········· 14

3일 필수 체크 전략 ❶, ❷ ·········· 20

4일 교과서 대표 전략 ❶, ❷ ·········· 26

▶ 누구나 합격 전략 ·········· 32

▶ 창의·융합·코딩 전략 ❶, ❷ ·········· 34

2주 명사

1일 개념 돌파 전략 ❶, ❷ ·········· 40

2일 필수 체크 전략 ❶, ❷ ·········· 46

3일 필수 체크 전략 ❶, ❷ ·········· 52

4일 교과서 대표 전략 ❶, ❷ ·········· 58

▶ 누구나 합격 전략 ·········· 64

▶ 창의·융합·코딩 전략 ❶, ❷ ·········· 66

• 마무리 전략 ·········· 70
• 신유형·신경향·서술형 전략 ·········· 72
• 적중 예상 전략 ❶ ·········· 76
• 적중 예상 전략 ❷ ·········· 80

BOOK ❷

1주 동사 2

1일 개념 돌파 전략 ❶, ❷ ················· 08

2일 필수 체크 전략 ❶, ❷ ················· 14

3일 필수 체크 전략 ❶, ❷ ················· 20

4일 교과서 대표 전략 ❶, ❷ ··············· 26

▶ 누구나 합격 전략 ················· 32
▶ 창의·융합·코딩 전략 ❶, ❷ ·········· 34

2주 형용사와 부사

1일 개념 돌파 전략 ❶, ❷ ················· 40

2일 필수 체크 전략 ❶, ❷ ················· 46

3일 필수 체크 전략 ❶, ❷ ················· 52

4일 교과서 대표 전략 ❶, ❷ ··············· 58

▶ 누구나 합격 전략 ················· 64
▶ 창의·융합·코딩 전략 ❶, ❷ ·········· 66

● 마무리 전략 ························· 70
● 신유형·신경향·서술형 전략 ············· 72
● 적중 예상 전략 ❶ ···················· 76
● 적중 예상 전략 ❷ ···················· 80

동사 2

😊 그림을 보고, 단어의 의미를 추측해 보세요.

❶ afford ~할 형편이 되다, 여유가 있다

❷ remove 없애다, 제거하다

❸ deserve ~을 받을 만하다, ~할 자격이 있다

❹ accept 받아들이다, 수락하다

001 ☐☐☐

imitate [ímətèit] 图 모방하다; 흉내 내다

Quiz

imitate a bird's wing

새의 날개를 ☐☐☐☐☐

답 모방하다

002 ☐☐☐

decline [dikláin] 图 거절하다; ❶ ☐☐☐☐

Quiz

decline an invitation

초대를 ❷ ☐☐☐☐

답 ❶ 감소하다 ❷ 거절하다

003 ☐☐☐

confirm [kənfə́ːrm] 图 확인하다

Quiz

I'll call and **confirm** my reservation.

나는 전화해서 예약을 ☐☐☐☐☐ 것이다.

답 확인할

004 ☐☐☐

purchase [pə́ːrtʃəs] 图 구입(구매)하다 명 구입, ❶ ☐☐☐☐

Quiz

purchase a new item

새로운 물품을 ❷ ☐☐☐☐

답 ❶ 구매 ❷ 구입하다

005 ☐☐☐

afford [əfɔ́ːrd] 图 ~할 형편이 되다, 여유가 있다

Quiz

We couldn't **afford** to buy a new car.

우리는 새 차를 살 ☐☐☐☐☐ 않았다.

답 형편이 되지

006 ☐☐☐

struggle [strʌ́gl] 图 애쓰다, 고군분투하다

Quiz

He was **struggling** with graphs.

그는 그래프와 ☐☐☐☐☐ 있었다.

답 고군분투하고

007 ☐☐☐

access [ǽkses] 图 접근하다, 접속하다 명 ❶ ☐☐☐☐

Quiz

access the Internet

인터넷에 ❷ ☐☐☐☐

답 ❶ 접근 ❷ 접속하다

008 ☐☐☐

involve [inválv] 图 포함하다, 수반하다

Quiz

This tour **involves** a lot of walking.

이 관광은 많은 도보 여행을 ☐☐☐☐☐.

답 포함한다

1-1 빈칸에 알맞은 단어를 〈보기〉에서 골라 쓰시오.

┌ 보기 ┐
imitate   decline   confirm   purchase

He gave her five dollars to _____ bananas.

해석 | 그는 바나나를 [   ] 위해 그녀에게 5달러를 주었다.

🈁 구입하기

1-2 우리말을 참고하여 네모 안에서 알맞은 말을 고르시오.

(1) Computers can't [imitate / decline] the human brain.

컴퓨터는 인간의 두뇌를 모방할 수 없다.

(2) She [confirmed / declined] dinner and went home.

그녀는 저녁을 거절하고 집에 갔다.

(3) Can you [confirm / purchase] the date of the next meeting?

다음 회의 날짜를 확인해 줄 수 있나요?

2-1 빈칸에 알맞은 단어를 〈보기〉에서 골라 쓰시오.

┌ 보기 ┐
afford   struggle   access   involve

Amy had to _____ with a math problem.

해석 | Amy는 수학 문제와 [   ] 했다.

🈁 고군분투해야

2-2 우리말을 참고하여 네모 안에서 알맞은 말을 고르시오.

(1) We can't [involve / afford] to eat out tonight.

우리는 오늘 밤 외식할 형편이 되지 않는다.

(2) You need the password to [access / struggle] the system.

너는 그 시스템에 접속하려면 비밀번호가 필요하다.

(3) The test [involves / accesses] answering simple questions.

시험은 간단한 질문에 답하는 것을 포함한다.

009 ☐☐☐

retire [ritáiər]

통 은퇴하다, 퇴직하다

Quiz

He will **retire** at the age of 65.

그는 65세에 ☐☐☐☐ 것이다.

답 은퇴할

---

010 ☐☐☐

soak [souk]

통 (액체에) 담그다, 적시다; ❶ ☐☐☐☐

Quiz

Soak the shirt in cold water.

그 셔츠를 찬물에 ❷ ☐☐☐☐.

답 ❶ 젖다 ❷ 담가라

---

011 ☐☐☐

accompany [əkʌ́mpəni]

통 동행하다, 동반하다

Quiz

He'll **accompany** his son on the trip.

그는 그 여행에 아들과 ☐☐☐☐ 것이다.

답 동행할

---

012 ☐☐☐

consume [kənsúːm]

통 소비하다, ❶ ☐☐☐☐

Quiz

consume fossil fuels

화석 연료를 ❷ ☐☐☐☐

답 ❶ 소모하다 ❷ 소비하다

---

013 ☐☐☐

overhear [òuvərhíər]
[overheard - overheard]

통 우연히 듣다, 엿듣다

Quiz

overhear a conversation

대화를 ☐☐☐☐

답 엿듣다

---

014 ☐☐☐

compose [kəmpóuz]

통 구성하다; ❶ ☐☐☐☐

Quiz

Seven boys **compose** the band.

7명의 소년이 그 밴드를 ❷ ☐☐☐☐ 있다.

답 ❶ 작곡하다 ❷ 구성하고

---

015 ☐☐☐

declare [diklέər]

통 선언하다, 선포하다

Quiz

declare independence

독립을 ☐☐☐☐

답 선언하다

---

016 ☐☐☐

manufacture
[mæ̀njufǽktʃər]

통 제조하다, 생산하다

Quiz

manufacture cars

자동차를 ☐☐☐☐

답 제조하다

3-1 빈칸에 알맞은 단어를 〈보기〉에서 골라 쓰시오.

┌ 보기 ┐
retire　soak　accompany　consume

© Andrew Pustiakin / Shutterstock

_____ the brush in water to clean it.

해석 | 붓을 씻기 위해 그것을 물에 ⬚.

🔁 담가라

3-2 우리말을 참고하여 네모 안에서 알맞은 말을 고르시오.

(1) She is going to soak / retire as a singer this year.

그녀는 올해 가수로서 은퇴할 것이다.

(2) Children must be retired / accompanied by an adult.

아동은 성인과 동반해야 한다.

(3) The new lamps consume / accompany less electricity.

새로운 전등은 전기를 덜 소비한다.

4-1 빈칸에 알맞은 단어를 〈보기〉에서 골라 쓰시오.

┌ 보기 ┐
overhear　　　compose
declare　　　manufacture

She _____d the conversation between two girls.

해석 | 그녀는 두 여자아이 사이의 대화를 ⬚.

🔁 우연히 들었다

4-2 우리말을 참고하여 네모 안에서 알맞은 말을 고르시오.

(1) This TV was overheard / manufactured in Korea.

이 TV는 한국에서 제조되었다.

(2) Russia composed / declared war on the country.

러시아는 그 나라에 전쟁을 선포했다.

(3) The human body is mostly composed / manufactured of water.

인체는 대부분 물로 구성되어 있다.

A 영어를 우리말로 쓰기

1. retire _____

2. decline _____

3. accompany _____

4. imitate _____

5. struggle _____

6. afford _____

7. manufacture _____

8. involve _____

9. access _____

10. soak _____

11. overhear _____

12. consume _____

13. declare _____

14. confirm _____

15. purchase _____

16. compose _____

B 우리말을 영어로 쓰기

1. 구성하다; 작곡하다 _____

2. 소비하다, 소모하다 _____

3. 우연히 듣다, 엿듣다 _____

4. 접근하다, 접속하다; 접근 _____

5. 구입(구매)하다; 구입, 구매 _____

6. 포함하다, 수반하다 _____

7. 선언하다, 선포하다 _____

8. 모방하다; 흉내 내다 _____

9. 확인하다 _____

10. 거절하다; 감소하다 _____

11. 제조하다, 생산하다 _____

12. 동행하다, 동반하다 _____

13. (액체에) 담그다, 적시다; 젖다 _____

14. 은퇴하다, 퇴직하다 _____

15. ~할 형편이 되다, 여유가 있다 _____

16. 애쓰다, 고군분투하다 _____

C 빈칸에 알맞은 단어 고르기

1.

The designer _____d a tulip to design the dress.

① ignore   ② imitate   ③ overhear

2.

The man gave his daughter milk, but she _____(e)d to drink it.

① decline   ② declare   ③ depend

3.

The factory _____s fresh strawberry jam every day.

© Dukesn / Shutterstock

① afford   ② purchase   ③ manufacture

depend ❶ _____ , 의지하다
factory 공장
fresh ❷ _____

답 ❶ 의존하다 ❷ 신선한

D 영영 풀이에 해당하는 단어 고르기

1.

to use time, energy, fuel, etc.

① soak   ② imitate   ③ consume

2.

to say something officially and publicly

① access   ② involve   ③ declare

3.

to leave one's job and stop working at a particular age

① confirm   ② retire   ③ purchase

fuel ❶ _____
officially 공식적으로, 정식으로
publicly ❷ _____
particular 특정한

답 ❶ 연료 ❷ 공개적으로

017 rely [rilái]

동 (~ on) 의지[의존]하다; 신뢰하다
I **rely** on the Internet for news.
나는 뉴스를 인터넷에 의존한다.

파생어 | 반의어 | 유의어 | 혼동어

reliable [riláiəbl]

형 믿을[신뢰할] 수 있는
a **reliable** friend 믿을 수 있는 친구

---

018 observe [əbzə́ːrv]

동 관찰하다; (법 등을) 준수하다
observe people's behavior
사람들의 행동을 관찰하다

파생어 | 반의어 | 유의어 | 혼동어

observation [àbzərvéiʃən]

명 관찰, 관측
a careful **observation** 세심한 관찰

---

019 allow [əláu]

동 허락하다, 허용하다
He **allowed** me to touch the screen.
그는 내가 화면을 만져 보는 것을 허락했다.

파생어 | 반의어 | 유의어 | 혼동어

prohibit [prouhíbit]

동 금하다, 금지하다
Smoking is **prohibited** in the park.
공원에서는 흡연이 금지되어 있다.

---

020 delay [diléi]

동 연기하다, 지연시키다 명 연기, 지연
The flight was **delayed** by the fog.
항공편이 안개로 인해 지연되었다.

파생어 | 반의어 | 유의어 | 혼동어

postpone [pous*t*póun]

동 연기하다, 미루다
He **postponed** his wedding for two months.
그는 결혼식을 두 달 연기했다.

---

021 expose [ikspóuz]

동 드러내다; 노출시키다
He smiled and **exposed** his teeth.
그는 미소를 지으며 치아를 드러냈다.

파생어 | 반의어 | 유의어 | 혼동어

reveal [rivíːl]

동 드러내다
The curtain opened to **reveal** a stage.
커튼이 열리고 무대가 드러났다.

---

022 require [rikwáiər]

동 필요하다, 요구하다
This job **requires** communication skills.
이 일은 의사소통 능력을 필요로 한다.

파생어 | 반의어 | 유의어 | 혼동어

acquire [əkwáiər]

동 습득하다, 얻다; 획득하다
acquire knowledge 지식을 습득하다

필수 예제 1

우리말을 참고하여 빈칸에 알맞은 단어를 쓰시오.

(1) _____ – reveal

드러내다

(2) delay – _____

연기하다

(3) _____ – reliable

의지(의존)하다; 신뢰하다 – 믿을(신뢰할) 수 있는

(4) _____ – observation

관찰하다 – 관찰, 관측

(5) _____ – prohibit

허락하다, 허용하다 – 금하다, 금지하다

(6) require – _____

필요하다, 요구하다 – 습득하다, 얻다; 획득하다

Guide

(1)과 (2)는 **❶** _____ 관계이다.

(3)은 동사 – **❷** _____, (4)는 동사

– 명사인 파생어 관계이다.

(5)는 반의어 관계이다.

📖 ❶ 유의어 ❷ 형용사

© Syda Productions / Shutterstock

확인 문제 1-1

우리말을 참고하여 밑줄 친 부분이 맞으면 ○, 틀리면 ✕에 표시하시오.

(1) Chewing gum in class is not <u>prohibited</u>. (○ / ✕)

수업 중에 껌을 씹는 것은 허용되지 않는다.

(2) These plants <u>require</u> lots of care and attention. (○ / ✕)

이 식물들은 많은 보살핌과 관심을 필요로 한다.

Words

chew (음식을) 씹다

in class 수업 중에

lots of 많은

care 돌봄, 보살핌

attention 주의; 관심

확인 문제 1-2

영영 풀이에 해당하는 단어를 주어진 철자로 시작하여 쓰시오.

(1) r_____ : able to be trusted or relied on

(2) o_____ : to watch something or someone carefully

(3) d_____ : to make something happen later

Words

trust 믿다, 신뢰하다

carefully 세밀히, 꼼꼼히

023 translate [trænsléit]

파생어 | 반의어 | 유의어 | 혼동어

translation [trænsléiʃən]

동 번역하다
I'll **translate** a Korean novel into English.
나는 한국 소설을 영어로 번역할 것이다.

명 번역
There was an error in **translation**.
번역상의 오류가 있었다.

---

024 analyze [ǽnəlàiz]

파생어 | 반의어 | 유의어 | 혼동어

analysis [ənǽləsis]

동 분석하다
They collected and **analyzed** data.
그들은 데이터를 수집하고 분석했다.

명 분석
They conducted an **analysis** of the causes.
그들은 원인 분석을 실시했다.

---

025 approve [əprúːv]

파생어 | 반의어 | 유의어 | 혼동어

oppose [əpóuz]

동 찬성하다; 승인하다
I wanted to go, but she didn't **approve**.
나는 가고 싶었지만, 그녀는 찬성하지 않았다.

동 반대하다
oppose a project   계획에 반대하다

---

026 concentrate [kánsəntrèit]

파생어 | 반의어 | 유의어 | 혼동어

focus [fóukəs]

동 집중하다
You should **concentrate** on driving.
너는 운전하는 데 집중해야 한다.

동 집중하다
focus on one's studies   공부에 집중하다

---

027 investigate [invéstəgèit]

파생어 | 반의어 | 유의어 | 혼동어

examine [igzǽmin]

동 조사하다
He **investigates** the Earth's climate.
그는 지구의 기후를 조사한다.

동 조사하다, 검토하다
We **examine** the effects of noise pollution.
우리는 소음 공해의 영향을 조사한다.

---

028 contribute [kəntríbjuːt]

파생어 | 반의어 | 유의어 | 혼동어

distribute [distríbjuːt]

동 (~ to) 기여하다, 공헌하다
He decided to **contribute** to society.
그는 사회에 공헌하기로 결심했다.

동 나누어 주다, 분배하다
distribute food and medicine
식량과 의약품을 나누어 주다

필수 예제 2

우리말을 참고하여 빈칸에 알맞은 단어를 쓰시오.

(1) investigate – _____
   조사하다

(2) concentrate – _____
   집중하다

(3) _____ – oppose
   찬성하다 – 반대하다

(4) _____ – distribute
   기여하다, 공헌하다 – 나누어 주다, 분배하다

(5) translate : translation = _____ : analysis
   번역하다 : 번역 = 분석하다 : 분석

Guide

(1)과 (2)는 유의어 관계이다.

(3)은 **❶** _____ 관계이다.

(5)는 동사 – **❷** _____ 인 파생어 관계이다.

📖 **❶** 반의어 **❷** 명사

확인 문제 2-1

우리말을 참고하여 밑줄 친 부분이 맞으면 ○, 틀리면 ×에 표시하시오.

(1) The scientists will <u>analysis</u> the test results. (○ / ×)
   그 과학자들은 실험 결과를 분석할 것이다.

(2) Technology has <u>concentrated</u> to the movie industry. (○ / ×)
   기술은 영화 산업에 기여해 왔다.

Words
result 결과
technology (과학) 기술
industry 산업

확인 문제 2-2

영영 풀이에 해당하는 단어를 주어진 철자로 시작하여 쓰시오.

(1) a_____ : to think that something is good or suitable
(2) i_____ : to study something in detail to understand it
(3) t_____ : to change words from one language into another

Words
suitable 적절한, 알맞은
in detail 상세히
another 또 다른 하나

1 다음 중 품사가 나머지 넷과 <u>다른</u> 것은?

① allow　　　② require　　　③ reliable

④ translate　　　⑤ investigate

2 다음 그림을 보고, 괄호 안에서 알맞은 말을 고르시오.

The boy is (allowing / observing) a bird on a branch.

3 다음 문장의 밑줄 친 단어와 의미가 가장 유사한 것은?

Turn off the TV and <u>concentrate</u> on your homework.

① delay　　　② focus　　　③ analyze

④ approve　　　⑤ contribute

4 다음 우리말을 영어로 바르게 옮긴 학생은?

> 나는 그의 편지를 영어로 번역했다.

① I delayed his letter into English.

② I analyzed his letter into English.

③ I examined his letter into English.

④ I translated his letter into English.

⑤ I distributed his letter into English.

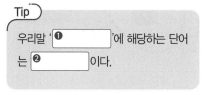

Tip

우리말 '❶ [ ]'에 해당하는 단어
는 ❷ [ ] 이다.

답 ❶ 번역하다 ❷ translate

5 다음 그림을 보고, 〈보기〉에서 알맞은 단어를 골라 문장의 밑줄 친 부분을 바르게
고쳐 쓰시오.

┌ 보기 ┐
delay   require   oppose   investigate

People <u>expose</u> the war and wish for peace.

➡ _____

Tip

그림에서 사람들은 ❶ [ ]을 반
대하고 ❷ [ ]를 바라고 있다.

답 ❶ 전쟁 ❷ 평화

Words
wish for ~을 바라다

| | 파생어 | 반의어 | 유의어 | 혼동어 |

029 **arrange** [əréindʒ]

⑧ 정리하다, 배열하다
arrange books 책을 정리하다

arrangement [əréindʒmənt]

⑱ 정리, 배열; 준비
a flower **arrangement** 꽃꽂이

030 **remove** [rimú:v]

⑧ 없애다, 제거하다
You need to **remove** the old posters.
너는 오래된 포스터를 제거해야 한다.

removal [rimú:vəl]

⑱ 제거
the **removal** of coffee stains 커피 얼룩 제거

031 **separate** [sépərèit]

⑧ 나누다, 분리하다 ⑲ 분리된
I'll **separate** the documents into three piles.
나는 서류를 세 더미로 나눌 것이다.

combine [kəmbáin]

⑧ 결합하다; 혼합하다
combine exercise with a healthy diet
운동과 건강한 식습관을 결합하다

032 **restrict** [ristríkt]

⑧ 제한하다, 한정하다
restrict freedom 자유를 제한하다

limit [límit]

⑧ 제한하다 ⑱ 제한
limit the number of visitors 방문자 수를 제한하다

033 **violate** [váiəlèit]

⑧ 위반하다, 어기다
The country **violated** international law.
그 나라는 국제법을 위반했다.

break [breik] [broke - broken]

⑧ 위반하다, 어기다; 깨다, 부수다
If you **break** the rule, you will be punished.
규칙을 위반하면 너는 벌을 받을 것이다.

034 **deserve** [dizə́:rv]

⑧ ~을 받을 만하다, ~할 자격이 있다
She **deserves** a prize for the invention.
그녀는 그 발명에 대해 상을 받을 자격이 있다.

preserve [prizə́:rv]

⑧ 보호하다, 보존하다
They try to **preserve** the rainforests.
그들은 열대 우림을 보호하기 위해 노력한다.

필수 예제 3

우리말을 참고하여 빈칸에 알맞은 단어를 쓰시오.

(1) violate – _____

위반하다, 어기다

(2) _____ – limit

제한하다, 한정하다

(3) separate – _____

나누다, 분리하다 – 결합하다; 혼합하다

(4) _____ – preserve

~을 받을 만하다, ~할 자격이 있다 – 보호하다, 보존하다

(5) arrange : arrangement = remove : _____

정리하다, 배열하다 : 정리, 배열 = 없애다, 제거하다 : 제거

확인 문제 3-1

우리말을 참고하여 밑줄 친 부분이 맞으면 ○, 틀리면 ×에 표시하시오.

(1) You have to <u>combine</u> the dirt from your shoes. (○ / ×)

너는 신발에서 흙을 없애야 한다.

(2) Dave <u>preserves</u> praise for his hard work. (○ / ×)

Dave는 열심히 일한 것에 대해 칭찬을 받을 자격이 있다.

확인 문제 3-2

영영 풀이에 해당하는 단어를 주어진 철자로 시작하여 쓰시오.

(1) v_____ : to refuse to obey a law, rule, etc.
(2) s_____ : to divide something into different parts
(3) a_____ : to put a group of things in a neat order or position

035 migrate [máigreit]

통 (동물이) 이동하다; (사람이) 이주하다
The birds **migrate** south in winter.
그 새들은 겨울에 남쪽으로 이동한다.

파생어 · 반의어 · 유의어 · 혼동어

migrant [máigrənt]

명 이주자
The **migrants** come from Afghanistan.
그 이주자들은 아프가니스탄 출신이다.

036 embarrass [imbǽrəs]

통 당황스럽게[난처하게] 하다
The question **embarrassed** me.
그 질문은 나를 당황스럽게 했다.

파생어 · 반의어 · 유의어 · 혼동어

embarrassed [imbǽrəst]

형 당황스러운, 난처한
feel **embarrassed** 당황스러워하다

037 reject [ridʒékt]

통 거절하다, 거부하다
He **rejected** her offer.
그는 그녀의 제의를 거절했다.

파생어 · 반의어 · 유의어 · 혼동어

accept [æksépt]

통 받아들이다, 수락하다
accept an invitation to dinner
저녁 식사 초대를 받아들이다

038 establish [istǽbliʃ]

통 설립하다, 세우다
The company was **established** in 1981.
그 회사는 1981년에 설립되었다.

파생어 · 반의어 · 유의어 · 혼동어

found [faund]   [founded - founded]

통 설립하다
found a hospital after a war
전쟁 후 병원을 설립하다

039 explode [iksplóud]

통 폭발하다, 폭파시키다
A bomb **exploded** in the building.
건물 안에서 폭탄이 폭발했다.

파생어 · 반의어 · 유의어 · 혼동어

explore [iksplɔ́:r]

통 탐험하다, 탐사하다
They want to **explore** the deep sea.
그들은 심해를 탐사하기를 원한다.

040 frustrate [frʌ́streit]

통 좌절감을 주다
The choice **frustrated** him.
그 선택은 그를 좌절하게 했다.

파생어 · 반의어 · 유의어 · 혼동어

fascinate [fǽsənèit]

통 마음을 사로잡다, 매혹하다
Dolphins have always **fascinated** me.
돌고래는 항상 내 마음을 사로잡아 왔다.

필수 예제 4

우리말을 참고하여 빈칸에 알맞은 단어를 쓰시오.

(1) _____ – found   설립하다, 세우다

(2) _____ – migrant   이동하다; 이주하다 – 이주자

(3) reject – _____   거절하다, 거부하다 – 받아들이다, 수락하다

(4) explode – _____   폭발하다, 폭파시키다 – 탐험〔탐사〕하다

(5) frustrate – _____   좌절감을 주다 – 마음을 사로잡다, 매혹하다

(6) _____ – embarrassed
당황스럽게〔난처하게〕 하다 – 당황스러운, 난처한

Guide

(1)은 **❶** [   ] 관계이고 (3)은 반의어 관계이다.

(2)는 동사 – 명사인 파생어 관계이다.

(6)의 embarrassed는 과거분사형으로 **❷** [   ] 역할을 한다.

📑 ❶ 유의어 ❷ 형용사

© Sandra van der Steen / Shutterstock

확인 문제 4-1

우리말을 참고하여 밑줄 친 부분이 맞으면 ○, 틀리면 ×에 표시하시오.

(1) The plan was dangerous, so they <u>accepted</u> it. (○ / ×)
그 계획은 위험해서 그들은 그것을 거절했다.

(2) She left yesterday, and the fact <u>frustrated</u> him. (○ / ×)
그녀는 어제 떠났고, 그 사실은 그를 좌절하게 했다.

Words

dangerous 위험한
fact 사실

확인 문제 4-2

영영 풀이에 해당하는 단어를 주어진 철자로 시작하여 쓰시오.

(1) m_____ : (for animals) to travel to another part of the world

(2) e_____ : to burst or make something burst with a loud noise

(3) e_____ : feeling uncomfortable or ashamed in front of other people

Words

travel 여행하다; 이동하다
burst 폭발하다
uncomfortable 불편한
ashamed 수치스러운
in front of ~ 앞에서

1 다음 중 품사가 나머지 넷과 <u>다른</u> 하나는?

① violate　　② restrict　　③ migrate

④ fascinate　　⑤ embarrassed

2 다음 그림을 보고, 괄호 안에서 알맞은 말을 고르시오.

Jiyeon and Timothy are (combining / arranging) books together.

3 다음 문장의 밑줄 친 단어와 의미가 가장 유사한 것은?

He will be arrested if he <u>violates</u> the law.

① break　　② accept　　③ explore

④ deserve　　⑤ separate

>> 정답과 해설 **28쪽**

4 다음 우리말을 영어로 바르게 옮긴 학생은?

우리의 목표는 아프리카에 학교를 세우는 것이다.

① Our goal is to limit a school in Africa.

② Our goal is to explore a school in Africa.

③ Our goal is to migrate a school in Africa.

④ Our goal is to combine a school in Africa.

⑤ Our goal is to establish a school in Africa.

Tip
우리말 '❶   　'는 동사
❷   　로 나타낸다.

답 ❶ 세우다 ❷ establish

Words
goal 목표

5 다음 사진을 보고, 〈보기〉에서 알맞은 단어를 골라 문장의 밑줄 친 부분을 바르게 고쳐 쓰시오.

© checy / Shutterstock

보기
restrict　　preserve　　explode　　frustrate

Don't drive fast. The speed is <u>accepted</u> to 30 km/h in school zones.

➡ _____

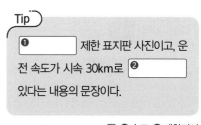

Tip
❶   　 제한 표지판 사진이고, 운전 속도가 시속 30km로 ❷   　
있다는 내용의 문장이다.

답 ❶ 속도 ❷ 제한되어

Words
school zone 어린이 보호 구역

대표 예제 1

다음 짝지어진 두 단어의 관계가 같도록 빈칸에 알맞은 단어를 쓰시오.

(1) establish : found = violate : _____

(2) _____ : accept = allow : prohibit

개념 Guide

동사 establish와 found는 **❶**[   ] 관계이고, 동사 allow와 prohibit은 **❷**[   ] 관계이다.

🔑 ❶ 유의어 ❷ 반의어

대표 예제 2

다음 짝지어진 두 단어의 관계가 〈보기〉와 같은 것은?

┌─ 보기 ─────────────────┐
analyze – analysis
└───────────────────────┘

① rely – reliable

② expose – reveal

③ approve – oppose

④ separate – combine

⑤ arrange – arrangement

개념 Guide

analyze와 analysis는 동사 – 명사인 [   ] 관계이다.

🔑 파생어

대표 예제 3

다음 영영 풀이에 해당하는 단어로 가장 알맞은 것은?

┌───────────────────────┐
to make goods in large numbers or amounts in a factory
└───────────────────────┘

① afford   ② confirm

③ consume   ④ purchase

⑤ manufacture

개념 Guide

'공장에서 **❶**[   ]을 대량으로 만들다'라는 뜻을 가진 동사이다.

• amount (물질 등의) 양   • factory **❷**[   ]

🔑 ❶ 상품 ❷ 공장

대표 예제 4

다음은 그림 속 행동에 대한 영영 풀이이다. 빈칸에 가장 알맞은 것은?

┌───────────────────────┐
to go to a place or event _____ someone
└───────────────────────┘

① in   ② at   ③ on

④ with   ⑤ from

개념 Guide

그림은 남자가 여자아이와 **❶**[   ]하는 모습으로, 이 행동에 해당하는 영어 단어는 **❷**[   ]이다.

🔑 ❶ 동행 ❷ accompany

대표 예제 5

다음 우리말을 영어로 옮길 때, 빈칸에 알맞은 말을 <u>모두</u> <u>고르시오.</u>

> 세계적인 유행병 때문에 올림픽이 1년 연기되었다.
> The Olympic Games was _____ for one year because of the pandemic.

① delayed   ② rejected

③ confirmed   ④ prohibited

⑤ postponed

개념 Guide

우리말 '연기하다'는 ❶ [   ] 나 postpone으로 나타낸다.

• pandemic 세계적인 ❷ [   ]

답 ❶ delay ❷ 유행병

대표 예제 6

다음 그림을 보고, 문장의 빈칸에 알맞은 단어를 고르시오.

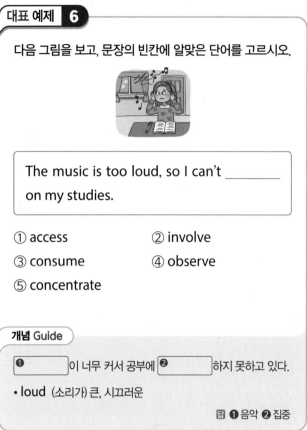

> The music is too loud, so I can't _____ on my studies.

① access   ② involve

③ consume   ④ observe

⑤ concentrate

개념 Guide

❶ [   ] 이 너무 커서 공부에 ❷ [   ] 하지 못하고 있다.

• loud (소리가) 큰, 시끄러운

답 ❶ 음악 ❷ 집중

대표 예제 7

다음 중 밑줄 친 부분의 우리말 뜻이 바르지 <u>않은</u> 것은?

① This car <u>consumes</u> a lot of gas. (소모한다)

② The charity <u>relies on</u> donations. (~에 의존한다)

③ The album <u>was composed</u> of six songs.
    (작곡되었다)

④ She <u>deserves</u> respect for her wisdom.
    (~을 받을 만하다)

⑤ We <u>contribute to</u> our society in many ways.
    (~에 기여한다)

개념 Guide

동사 compose는 '❶ [   ]'라는 뜻과 '❷ [   ]'라는 뜻을 가지고 있다.

• donation 기부(금)   • wisdom 지혜   • society 사회

답 ❶ 구성하다 ❷ 작곡하다

대표 예제 8

다음 중 밑줄 친 부분의 쓰임이 가장 <u>어색한</u> 것은?

① I <u>soaked</u> a cookie in warm milk.

② Can you <u>access</u> your email now?

③ Dave can <u>afford</u> to buy a new computer.

④ <u>Remove</u> the nails and fill the holes.

⑤ He tells lies often, so he's a <u>reliable</u> person.

개념 Guide

a reliable person은 '❶ [   ] 수 있는 사람'이라는 뜻이다.

• tell a lie ❷ [   ] 을 하다

답 ❶ 믿을 (신뢰할) ❷ 거짓말

대표 예제 9

다음 문장의 빈칸에 들어갈 말로 가장 알맞은 것은?

> The new novel has been _____ into five languages.

① analyzed   ② translated
③ postponed   ④ established
⑤ investigated

개념 Guide

'신간 ❶[　　　]이 다섯 개의 언어로 ❷[　　　]'라는 내용인 문장이다.

• novel 소설   • language 언어

답 ❶ 소설 ❷ 번역되었다

대표 예제 10

다음 빈칸에 공통으로 들어갈 단어를 쓰시오.

> • He _____(e)d people into two groups.
> • I keep fruits _____ from other food in the fridge.

➡ _____

개념 Guide

첫 문장은 '사람들을 두 모둠으로 ❶[　　　]', 두 번째 문장은 '과일을 다른 음식과 ❷[　　　]해서 보관한다.'라는 의미이다.

• fridge 냉장고

답 ❶ 나누었다 ❷ 분리

대표 예제 11

다음 문장의 밑줄 친 단어 중 아래 영영 풀이에 해당하는 것은?

> to create or start a company, a system, an organization, etc.

① The request has been approved.
② She has imitated his style of painting.
③ I declined phone calls because I was busy.
④ The city was established in the 18th century.
⑤ The job involves walking and feeding animals.

개념 Guide

'회사, 체제, 조직 등을 만들거나 ❶[　　　]'라는 뜻을 가진 ❷[　　　]이다.

• system 제도, 체제   • organization 조직, 단체
• request 요청   • feed 먹이를 주다

답 ❶ 시작하다 ❷ 동사

대표 예제 12

다음 그림을 보고, 문장의 빈칸에 알맞은 말을 고르시오.

> She was _____ because she spilled her coffee.

① arranged   ② exploded
③ overheard   ④ embarrassed
⑤ accompanied

개념 Guide

그림에서 여자는 책에 커피를 엎지르고 ❶[　　　]표정을 짓고 있다.

• spill (액체 등을) 쏟다, ❷[　　　]

답 ❶ 당황한 ❷ 엎지르다

대표 예제 13

다음 문장의 빈칸에 공통으로 들어갈 단어로 가장 알맞은 것은?

> • You should _____ your ticket in advance.
> • If you _____ the shirt online, it is much cheaper.

① limit
② involve
③ oppose
④ require
⑤ purchase

개념 Guide

첫 문장은 '표를 ❶ [____]하다'라는 의미가, 두 번째 문장은 '셔츠를 구입하다'라는 의미가 되어야 한다.
• in advance ❷ [____], 사전에
• much (비교급을 수식하여) 훨씬

답 ❶ 구매 ❷ 미리

대표 예제 14

다음 문장의 빈칸에 들어갈 단어를 〈보기〉에서 골라 쓰시오.

> ┌ 보기 ┐
> approve   restrict   retire   observe

> (1) The law was made to _____ smoking in public places.
> (2) He's 64 now, so he'll _____ next year.

(1) _____   (2) _____

개념 Guide

(1)은 '공공장소에서 흡연을 ❶ [____] 위해'라는 의미가, (2)는 '내년에 ❷ [____] 것이다'라는 의미가 되어야 한다.
• law 법   • public place 공공장소

답 ❶ 제한하기 ❷ 은퇴할

대표 예제 15

다음 문장의 밑줄 친 단어와 바꾸어 쓸 수 있는 것은?

> This study will <u>investigate</u> the impact of light pollution.

① examine
② explode
③ frustrate
④ observe
⑤ establish

개념 Guide

동사 investigate는 '❶ [____]'라는 뜻이다.
• impact 영향   • pollution 오염, ❷ [____]

답 ❶ 조사하다 ❷ 공해

대표 예제 16

다음 사진을 보고, 글의 빈칸에 알맞은 단어를 고르시오.

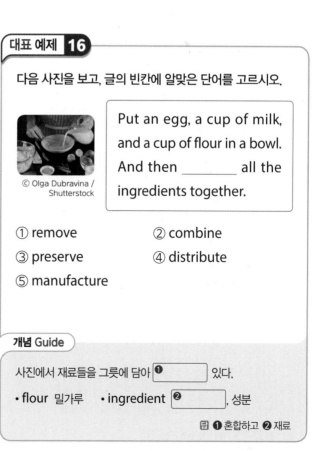

© Olga Dubravina / Shutterstock

> Put an egg, a cup of milk, and a cup of flour in a bowl. And then _____ all the ingredients together.

① remove
② combine
③ preserve
④ distribute
⑤ manufacture

개념 Guide

사진에서 재료들을 그릇에 담아 ❶ [____] 있다.
• flour 밀가루   • ingredient ❷ [____], 성분

답 ❶ 혼합하고 ❷ 재료

[1~2] 다음 영영 풀이에 해당하는 단어로 알맞은 것을 고르시오.

1

> to do or make something the same way as something else

① access   ② imitate
③ confirm   ④ struggle
⑤ establish

Tip

의미가 '다른 것과 [❶   ] 방식으로 무언가를 하거나 [❷   ]'인 단어를 생각해 본다.

답 ❶ 같은 ❷ 만들다

Words same 같은, 동일한

2

> to have enough money to be able to pay for something

① reject   ② involve
③ afford   ④ explore
⑤ deserve

Tip

'무언가에 [❶   ]을 지불할 수 있을 만큼 [❷   ] 여유가 있다'라는 의미를 가진 단어를 찾아본다.

답 ❶ 돈 ❷ 충분한

Words enough 충분한

3 다음 문장의 밑줄 친 단어의 영영 풀이로 가장 알맞은 것은?

> The snow melted, and it <u>exposed</u> the red roof.

① to let someone do something
② to hear a conversation by accident
③ to put something in liquid for a while
④ to travel around an area to learn about it
⑤ to show something that was covered or hidden

Tip

그림에서 [❶   ]이 녹으면서 가려졌던 지붕이 [❷   ] 있다. 이 의미를 나타내고 있는 것이 무엇인지 찾아본다.

답 ❶ 눈 ❷ 드러나고

Words melt 녹다
roof 지붕
conversation 대화, 회화
by accident 우연히
liquid 액체

4 다음 우리말과 일치하도록 빈칸에 알맞은 단어를 쓰시오.

(1) They started to _____ the problem.

(그들은 문제를 분석하기 시작했다.)

(2) He won't _____ help from them.

(그는 그들에게 도움을 받지 않을 것이다.)

(3) The test will _____ answering questions about a picture.

(그 시험은 그림에 대한 질문에 답하는 것을 포함할 것이다.)

Tip

(1)에서 ❶[   ]를 '분석하다', (2)에서 ❷[   ]을 '받아들이다', (3)에서 답하는 것을 '포함하다'에 해당하는 동사를 생각해 본다.

답 ❶ 문제 ❷ 도움

Words problem 문제

5 다음 짝지어진 두 단어의 관계가 나머지 넷과 <u>다른</u> 것은?

① violate – break

② establish – found

③ delay – postpone

④ approve – oppose

⑤ concentrate – focus

Tip

유의어 관계인 단어 쌍과 [   ] 관계인 단어 쌍을 구분해 본다.

답 반의어

6 다음 글의 빈칸에 들어갈 단어로 가장 알맞은 것은?

I've found that many students just throw things away instead of recycling them. As you know, however, recycling is very important because it saves resources and helps protect the environment. So, in my opinion, we need to reduce the number of trash cans at school to encourage recycling. Why don't we place four different colored recycling bins on every floor instead? This will remind students to _____ the paper, glass, plastic, and cans properly.

① separate

② preserve

③ translate

④ establish

⑤ investigate

Tip

윗글에서 교내에서 쓰레기 ❶[   ]을 장려하기 위한 방안을 제시하고 있다. 네 가지 색깔의 재활용 쓰레기통을 배치하여 학생들이 종이, 유리, 플라스틱, 캔을 ❷[   ] 하자는 내용이다.

답 ❶ 재활용 ❷ 분리하게

Words throw ~ away ~을 버리다
resource 자원
encourage 권장(장려)하다
remind 상기시키다

1 다음 도표를 보고, 우리말과 일치하도록 빈칸에 알맞은 단어를 고르시오.

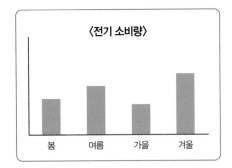

We _____ more electricity in winter than in summer.
(우리는 여름보다 겨울에 더 많은 전기를 소비한다.)

① violate ② arrange
③ consume ④ translate
⑤ investigate

2 다음 중 품사가 나머지 넷과 <u>다른</u> 것은?

① afford ② reliable
③ compose ④ overhear
⑤ accompany

3 다음 문장의 밑줄 친 단어 중 아래 영영 풀이에 해당하는 것은?

to give all your attention to something and not think about anything else

① They struggle to pay the rent.
② The fireworks will explode in the sky.
③ Don't embarrass her by asking personal questions.
④ We're going to observe how the ants find their way.
⑤ He is trying to concentrate on his studies at his desk.

4 다음 우리말과 일치하도록 빈칸에 알맞은 단어를 〈보기〉에서 골라 쓰시오.

보기
delay   acquire   establish

(1) The United Nations was _____(e)d in 1945.
(국제연합은 1945년에 설립되었다.)

(2) The concert was _____(e)d because the singer arrived late.
(가수가 늦게 도착해서 콘서트가 지연되었다.)

Words

1 electricity 전기   **3** attention 주의, 주목   rent 집세, 임차료   firework 폭죽   **4** arrive 도착하다

5 다음 중 밑줄 친 부분의 우리말 뜻이 바르지 <u>않은</u> 것은?

① Experience <u>is required</u> for this kind of job.
(요구된다)

② All the boys <u>were frustrated</u> by her words.
(매혹되었다)

③ We <u>restrict the number</u> of visitors to 100.
(수를 제한한다)

④ The area <u>was declared</u> a national park in the 1960s.
(선포되었다)

⑤ I called to <u>confirm my appointment</u> with the doctor.
(예약을 확인하다)

6 다음 글의 네모 안에서 알맞은 말을 골라 쓰시오.

The project manager had us meet at the painting site at 9 a.m. The wall was in very poor condition. There were strange writings and drawings on some parts. Other parts had old posters on them. We (1) preserved / removed the posters first and painted over the writings and drawings with white paint.

The manager (2) allowed / prohibited us to paint anything we wanted. We decided to paint something cute because the wall was near an elementary school. We divided into three groups and began painting.

➡ (1) _____ (2) _____

7 다음 글의 빈칸에 공통으로 들어갈 단어로 알맞은 것은?

Big data is data sets that are very big and complex. As information and communication technology develops, the amount of data we have is getting much greater than before. This is mainly because almost everything that we do online leaves a trace. For example, the photos you upload on your blog and the records of your purchases at online stores are all part of big data.

Simply collecting data, however, is not enough. Big data has to be _____d, and this is done by big data experts. Using various methods, experts _____ big data and draw meaningful results from it. These results then can be used to make decisions or to predict the future.

① imitate

② analyze

③ migrate

④ combine

⑤ postpone

Words

5 appointment 약속, 예약 **6** divide 나뉘다, 갈라지다 **7** complex 복잡한 develop 발달하다 trace 자취, 흔적

expert 전문가 method 방법 draw (결과 등을) 도출하다 meaningful 의미 있는 make a decision 결정하다 predict 예측하다

A 영어 단어 카드의 지워진 부분을 채운 다음, 우리말 뜻과 바르게 연결하시오.

1. reliable

ⓐ 정리하다, 배열하다

2. observe

ⓑ 번역하다

3. declare

ⓒ 믿을(신뢰할) 수 있는

4. arrange

ⓓ 선언하다, 선포하다

5. translate

ⓔ 관찰하다; (법 등을) 준수하다

B 각 사람이 하는 말과 일치하도록 A에서 완성한 단어 중 알맞은 것을 골라 문장을 완성하시오.

1.

모둠 활동을 위해 의자를 배열해 주세요.

➡ Please _____ chairs for the group activity.

2.

나는 오늘 물고기의 움직임을 관찰할 거야.

➡ I'll _____ the movements of fish today.

3.

우리는 반장으로 믿을 수 있는 학생을 선출해야 해.

➡ We should elect a(n) _____ student as the class president.

C 카드의 우리말 뜻에 해당하는 영어 단어를 쓰고, 퍼즐에서 찾아 표시하시오. (→ 방향과 ↓ 방향으로 찾을 것)

구성하다; 작곡하다
compose

당황스럽게 하다
_____

분석하다
_____

탐험하다, 탐사하다
_____

동행하다, 동반하다
_____

구입하다, 구매하다
_____

거절하다; 감소하다
_____

D 우리말 뜻을 참고하여 철자를 바른 순서로 배열하여 쓰시오.

1. _____ : 제거

e o r m
l a v

2. _____ : 조사하다

t a i v n e
e s g i t

3. _____ : 보호하다, 보존하다

r e v p
e r s e

4. _____ : 소비하다, 소모하다

o s u c
n e m

5. _____ : 찬성하다; 승인하다

p r e v
o a p

6. _____ : 위반하다, 어기다

l i o e
v a t

E 각 사람이 하는 말과 일치하도록 D에서 완성한 단어 중 알맞은 것을 골라 문장을 완성하시오.

1.

나는 그 문제의 원인을 조사할 거야.

➡ I'll _____ the causes of the problem.

2.

학생들은 교칙을 어겨서는 안 돼.

➡ Students mustn't _____ the school rules.

3.

그의 부모님은 그의 결혼을 찬성하지 않았어.

➡ His parents didn't _____ of his marriage.

F 퍼즐을 완성하시오.

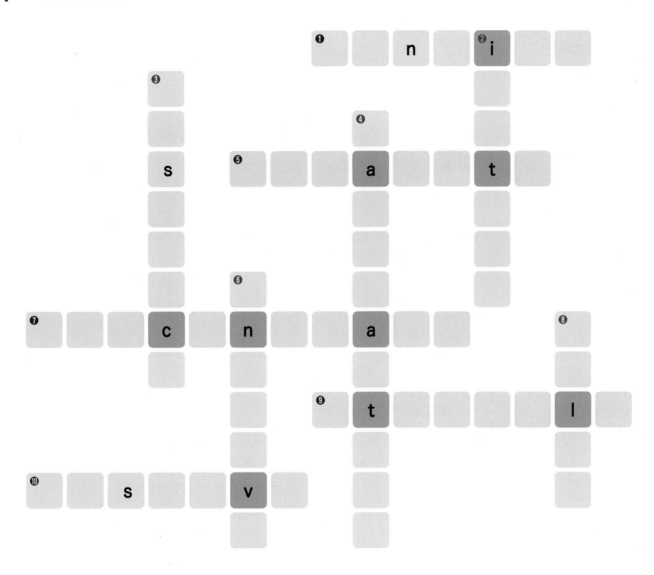

Across ▶

❶ to tell someone that a date, agreement, etc. is official ➡ _____

❺ _____ : 나누다, 분리하다

❼ delay : postpone = _____ : focus

❾ _____ : 애쓰다, 고군분투하다

❿ _____ a reward
(보상을 받을 자격이 있다)

Down ▼

❷ _____ : 모방하다; 흉내 내다

❸ _____ access to certain files
(특정 파일에 접근을 제한하다)

❹ _____ a variety of products
(다양한 상품들을 제조하다)

❻ to have or include something
➡ _____

❽ approve : oppose = _____ : prohibit

형용사와 부사

💧 그림을 보고, 단어의 의미를 추측해 보세요.

❶ precious 귀중한, 소중한

❷ positive 긍정적인, 낙관적인

❸ correct 맞는, 정확한

❹ urgently 급히, 다급하게

001 ☐☐☐

particular [pərtíkjulər]

형 특정한

Quiz

Is there a **particular** type of shirt you want?

원하시는 ☐☐☐☐ 종류의 셔츠가 있나요?

답 특정한

---

002 ☐☐☐

excellent [éksələnt]

형 훌륭한, ❶ ☐☐☐

Quiz

This car is in **excellent** condition.

이 차는 ❷ ☐☐☐ 상태이다.

답 ❶ 우수한 ❷ 훌륭한

---

003 ☐☐☐

obvious [ábviəs]

형 분명한, ❶ ☐☐☐

Quiz

It is **obvious** that something is wrong.

무언가가 잘못된 것이 ❷ ☐☐☐.

답 ❶ 명백한 ❷ 분명하다

---

004 ☐☐☐

eager [íːgər]

형 열렬한, 간절히 바라는

Quiz

I was **eager** to win the game.

나는 경기에서 이기길 ☐☐☐ 바랐다.

답 간절히

---

005 ☐☐☐

hollow [hálou]

형 (속이) 빈

Quiz

He found a **hollow** space under the rock.

그는 바위 아래에서 ☐☐☐ 공간을 발견했다.

답 빈

---

006 ☐☐☐

artificial [àːrtəfíʃəl]

형 인공의, 인공적인

Quiz

develop **artificial** intelligence

☐☐☐ 을 개발하다

답 인공지능

---

007 ☐☐☐

multiple [mʌ́ltəpl]

형 다수의, 여럿의

Quiz

take the test **multiple** times

시험을 ☐☐☐ 번 치다

답 여러

---

008 ☐☐☐

urgently [ə́ːrdʒəntli]

부 급히, ❶ ☐☐☐

Quiz

She had to leave **urgently**.

그녀는 ❷ ☐☐☐ 떠나야 했다.

답 ❶ 다급하게 ❷ 급히

1-1 빈칸에 알맞은 단어를 〈보기〉에서 골라 쓰시오.

┌ 보기 ┐
particular   excellent   obvious   eager

She is _____ to drink a glass of iced water.

해석 | 그녀는 얼음물 한 잔이 [   ] 마시고 싶다.

📖 간절하게

1-2 우리말을 참고하여 네모 안에서 알맞은 단어를 고르시오.

(1) Unfortunately, the cause of the pain was not obvious / excellent .

안타깝게도 통증의 원인은 분명하지 않았다.

(2) The lights are arranged to give a(n) obvious / particular effect.

조명들이 특정한 효과를 주기 위해 배열되어 있다.

(3) That sounds like an excellent / eager idea to me.

그것은 나에게 훌륭한 생각처럼 들린다.

2-1 빈칸에 알맞은 단어를 〈보기〉에서 골라 쓰시오.

┌ 보기 ┐
hollow   artificial   multiple   urgently

© zedspider / Shutterstock

The machine is spraying _____ snow over the ski slope.

해석 | 기계가 [   ] 눈을 스키 슬로프에 뿌리고 있다.

📖 인공

2-2 우리말을 참고하여 네모 안에서 알맞은 단어를 고르시오.

(1) This simple word has artificial / multiple meanings.

이 간단한 단어가 여러 의미를 가지고 있다.

(2) The wall is made of hollow / artificial paper boxes.

그 벽은 빈 종이 상자로 만들어져 있다.

(3) I need to speak to my teacher multiple / urgently .

나는 선생님께 급히 드릴 말씀이 있다.

009 ☐☐☐

indeed [indíːd]

튀 정말, 참으로

Quiz

His new song is great **indeed**.

그의 새 노래는 ☐☐☐☐ 대단하다.

답 정말

010 ☐☐☐

annual [ǽnjuəl]

형 매년의, 연례의; ❶ ☐☐☐

Quiz

The race is an **annual** event.

그 경주는 ❷ ☐☐☐ 행사이다.

답 ❶ 연간의 ❷ 연례

011 ☐☐☐

meaningful [míːniŋfəl]

형 의미 있는, 중요한

Quiz

They drew **meaningful** results from the analysis.

그들은 그 분석에서 ☐☐☐☐ 결과를 도출했다.

답 의미 있는

012 ☐☐☐

frequent [fríːkwənt]

형 잦은, 빈번한

Quiz

How **frequent** is your pain?

통증이 얼마나 ☐☐☐☐ 있나요?

답 자주

013 ☐☐☐

mental [méntl]

형 정신의, 마음의

Quiz

Mental activity doesn't stop when we sleep.

☐☐☐☐ 활동은 우리가 잘 때도 멈추지 않는다.

답 정신

014 ☐☐☐

steady [stédi]

형 꾸준한; ❶ ☐☐☐

Quiz

show **steady** growth

❷ ☐☐☐ 성장을 보이다

답 ❶ 안정적인 ❷ 꾸준한

015 ☐☐☐

capable [kéipəbl]

형 ~할 수 있는; ❶ ☐☐☐

Quiz

I'm **capable** of doing it by myself.

나는 그것을 나 혼자 ❷ ☐☐☐ .

답 ❶ 유능한 ❷ 할 수 있다

016 ☐☐☐

dynamic [dainǽmik]

형 활력 있는; 역동적인

Quiz

She is a **dynamic** young woman.

그녀는 ☐☐☐☐ 젊은 여성이다.

답 활력 있는

3-1 빈칸에 알맞은 단어를 〈보기〉에서 골라 쓰시오.

┌ 보기 ┐
indeed annual meaningful frequent

The _____ film festival is in May this year.

해석 | 그 [   ] 영화 축제는 올해 5월에 있다.

📖 연례

3-2 우리말을 참고하여 네모 안에서 알맞은 단어를 고르시오.

(1) The results were very surprising indeed / frequent .

그 결과는 정말 매우 놀라웠다.

(2) My headaches are becoming more frequent / meaningful .

나의 두통이 더 빈번해지고 있다.

(3) The data can be very annual / meaningful to scientists.

그 자료는 과학자들에게 매우 중요할 수 있다.

4-1 빈칸에 알맞은 단어를 〈보기〉에서 골라 쓰시오.

┌ 보기 ┐
mental steady capable dynamic

〈The Cost of Living〉

MARCH APRIL MAY JUNE JULY

The chart shows a _____ rise in the cost of living.

해석 | 도표는 생활비에서 [   ] 증가세를 보여주고 있다.

📖 꾸준한

4-2 우리말을 참고하여 네모 안에서 알맞은 단어를 고르시오.

(1) It is your steady / mental attitude that determines your future.

당신의 미래를 결정하는 것은 당신의 마음가짐이다.

(2) You are capable / dynamic of achieving anything you want.

너는 네가 원하는 것은 무엇이든지 이룰 수 있다.

*achieve 이루다, 성취하다

(3) The movie became popular for its dynamic / mental story line.

그 영화는 역동적인 줄거리로 인기를 끌었다.

A 영어를 우리말로 쓰기

1.	hollow	_____	
2.	artificial	_____	
3.	urgently	_____	
4.	multiple	_____	
5.	frequent	_____	
6.	mental	_____	
7.	dynamic	_____	
8.	capable	_____	

9. meaningful _____
10. annual _____
11. indeed _____
12. particular _____
13. excellent _____
14. steady _____
15. obvious _____
16. eager _____

B 우리말을 영어로 쓰기

1. ~할 수 있는; 유능한 _____
2. 잦은, 빈번한 _____
3. 정말, 참으로 _____
4. 다수의, 여럿의 _____
5. 꾸준한; 안정적인 _____
6. (속이) 빈 _____
7. 의미 있는, 중요한 _____
8. 특정한 _____

9. 매년의, 연례의; 연간의 _____
10. 활력 있는; 역동적인 _____
11. 열렬한, 간절히 바라는 _____
12. 급히, 다급하게 _____
13. 인공의, 인공적인 _____
14. 정신의, 마음의 _____
15. 훌륭한, 우수한 _____
16. 분명한, 명백한 _____

C 빈칸에 알맞은 단어 고르기

1.

She was _____ of passing the exam.

© Krakenimages.com / Shutterstock

① capable   ② artificial   ③ excellent

2.

He is looking for a _____ book on African art.

① steady   ② frequent   ③ particular

3.

Instruments like the guitar and violin have _____ bodies.

© AlexMaster / Shutterstock (기타)
© Getty Images Bank (바이올린)

① eager   ② hollow   ③ obvious

pass 지나가다; (시험에) ❶ _____
look for ~을 찾다
instrument ❷ _____

답 ❶ 합격하다 ❷ 악기

D 영영 풀이에 해당하는 단어 고르기

1.

being full of energy and very lively

① indeed   ② dynamic   ③ excellent

2.

slowly and gradually continuing to change or happen

① annual   ② urgently   ③ steady

3.

relating to the mind or happening in the mind

① mental   ② artificial   ③ frequent

lively ❶ _____
gradually 점차, 서서히
continue 계속되다
relate to ~와 관계가 있다
mind 마음, ❷ _____

답 ❶ 활발한 ❷ 정신

2주 2일 필수 체크 전략 ①

파생어 | 반의어 | 유의어 | 혼동어

017 complete [kəmplíːt]

형 완전한, 전부의 동 완료하다, 끝마치다
Write your answers in **complete** sentences.
답을 완전한 문장으로 써라.

completely [kəmplíːtli]

부 완전히, 전적으로
I **completely** forgot his name.
나는 그의 이름을 완전히 잊어버렸다.

018 satisfied [sǽtisfàid]

형 만족하는, 만족스러워하는
I'm not **satisfied** with the color.
나는 색상이 만족스럽지 않다.

satisfy [sǽtisfài]

동 만족시키다
We're trying to **satisfy** our customers.
우리는 고객을 만족시키기 위해 노력하고 있다.

파생어 | **반의어** | 유의어 | 혼동어

019 priceless [práislis]

형 아주 귀중한, 값을 매길 수 없는
priceless works of art 값을 매길 수 없는 예술 작품

worthless [wə́ːrθlis]

형 가치 없는, 쓸모없는
a **worthless** piece of paper 쓸모없는 종잇조각

파생어 | **반의어** | 유의어 | 혼동어

020 fair [fɛər]

형 공정한, 공평한 명 박람회
The country needs a **fair** election.
그 나라는 공정한 선거가 필요하다.

unfair [ʌnfɛ́ər]

형 불공정한, 불공평한
I think the decision was **unfair**.
나는 그 결정이 불공정했다고 생각한다.

파생어 | 반의어 | **유의어** | 혼동어

021 complex [kəmpléks]

형 복잡한
We live in a **complex** world.
우리는 복잡한 세상에 살고 있다.

complicated [kámpləkèitid]

형 복잡한
The problem is too **complicated** to solve.
그 문제는 너무 복잡해서 풀 수 없다.

파생어 | 반의어 | **유의어** | 혼동어

022 harsh [hɑːrʃ]

형 가혹한, 혹독한
a **harsh** climate 혹독한 기후

severe [sivíər]

형 가혹한, 혹독한
a **severe** punishment 가혹한 처벌

필수 예제 1

우리말을 참고하여 빈칸에 알맞은 단어를 쓰시오.

(1) _____ – severe
가혹한, 혹독한

(2) complex – _____
복잡한

(3) complete – _____
완전한, 전부의 – 완전히, 전적으로

(4) _____ – satisfy
만족하는, 만족스러워하는 – 만족시키다

(5) fair : _____ = priceless : worthless
공정한, 공평한 : 불공정한, 불공평한 = 아주 귀중한, 값을 매길 수 없는 : 가치 없는, 쓸모없는

Guide

(1), (2)는 ❶ [ ] 관계인 단어 쌍이다.

(3)은 형용사 – 부사, (4)는 형용사 – 동사인 파생어 관계의 단어 쌍이다.

(5)는 ❷ [ ] 관계인 단어 쌍이다.

🗐 ❶ 유의어 ❷ 반의어

확인 문제 1-1

우리말을 참고하여 밑줄 친 부분이 맞으면 ○, 틀리면 ×에 표시하시오.

(1) It is <u>fair</u> to give them a second chance. (○ / ×)
그들에게 두 번째 기회를 주는 것은 공정하지 않다.

(2) Bad weather <u>completely</u> destroyed the crops. (○ / ×)
악천후가 농작물을 완전히 망쳐놨다.

Words
chance 기회
destroy 파괴하다
crop (농)작물

ⓒ Getty Images Korea

확인 문제 1-2

영영 풀이에 해당하는 단어를 주어진 철자로 시작하여 쓰시오.

(1) c_____ : having all parts without lacking anything
(2) p_____ : worth a lot of money and very important
(3) s_____ : to please someone by giving them what they want

Words
lack ~이 없다, 부족하다
worth ~의 가치가 있는
please 기쁘게 하다

023 **immediate** [imíːdiət]

형 즉각적인, 당장의
We must take **immediate** action.
우리는 즉각적인 조치를 취해야 한다.

파생어 | 반의어 | 유의어 | 혼동어

immediately [imíːdiətli]

부 즉시, 즉각
He decided to leave **immediately**.
그는 즉시 떠나기로 했다.

024 **necessary** [nésəsèri]

형 필요한, 필수의
Water is **necessary** for survival.
물은 생존에 필수이다.

파생어 | 반의어 | 유의어 | 혼동어

necessity [nəsésəti]

명 필수품
Mobile phones have become a **necessity**.
휴대 전화가 필수품이 되고 있다.

025 **comfortable** [kʌ́mfərtəbl]

형 편안한
The new bed felt very **comfortable**.
새 침대가 매우 편안하게 느껴졌다.

파생어 | 반의어 | 유의어 | 혼동어

uncomfortable [ʌnkʌ́mfərtəbl]

형 불편한
She was wearing **uncomfortable** shoes.
그녀는 불편한 신발을 신고 있었다.

026 **realistic** [rìːəlístik]

형 현실적인
She is quite **realistic** about her problems.
그녀는 자신의 문제에 대해 꽤 현실적이다.

파생어 | 반의어 | 유의어 | 혼동어

unrealistic [ʌ̀nriːəlístik]

형 비현실적인
The characters in that movie are **unrealistic**.
그 영화의 등장인물들은 비현실적이다.

027 **active** [ǽktiv]

형 활동적인, 활발한
Jamie is a very **active** little boy.
Jamie는 매우 활발한 남자아이이다.

파생어 | 반의어 | 유의어 | 혼동어

energetic [ènərdʒétik]

형 활동적인
I feel **energetic** today.
나는 오늘 활력을 느낀다.

028 **previous** [príːviəs]

형 이전의, 앞의; 직전의
They are different from the **previous** generations.
그들은 이전 세대들과 다르다.

파생어 | 반의어 | 유의어 | 혼동어

precious [préʃəs]

형 귀중한, 소중한
We cannot waste **precious** time.
우리는 귀중한 시간을 낭비할 수 없다.

필수 예제 2

우리말을 참고하여 빈칸에 알맞은 단어를 쓰시오.

(1) _____ – energetic
활동적인

(2) _____ – necessity
필요한, 필수의 – 필수품

(3) previous – _____
이전의, 앞의; 직전의 – 귀중한, 소중한

(4) immediate – _____
즉각적인, 당장의 – 즉시, 즉각

(5) comfortable : _____ = realistic : unrealistic
편안한 : 불편한 = 현실적인 : 비현실적인

Guide

(1)은 ❶_____ 관계인 단어 쌍이다.
(2)와 (4)는 파생어 관계인 단어 쌍으로,
(2)는 형용사와 ❷_____, (4)는 형용사와 부사가 연결되어 있다.
(5)는 각각 반의어 관계인 단어 쌍이다.

답 ❶유의어 ❷명사

확인 문제 2-1

우리말을 참고하여 밑줄 친 부분이 맞으면 ○, 틀리면 ×에 표시하시오.

(1) These clothes are underlined{uncomfortable} to wear. (○ / ×)
이 옷들은 입기에 편하다.

(2) My grandfather is over 80, but he's still very underlined{active}. (○ / ×)
우리 할아버지는 80세가 넘으셨지만, 여전히 매우 활동적이시다.

Words
clothes (pl.) 옷, 의복

© Getty Images Bank

확인 문제 2-2

영영 풀이에 해당하는 단어를 주어진 철자로 시작하여 쓰시오.

(1) i_____ : happening or done without delay
(2) r_____ : based on situations as they really are
(3) n_____ : something that you need to have in order to live

Words
delay 지연, 지체
based on ～에 기반하여
situation 상황, 처지
in order to do ～하기 위해

1 다음 중 품사가 나머지 넷과 <u>다른</u> 것은?

① harsh   ② realistic   ③ satisfied

④ priceless   ⑤ necessity

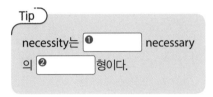

Tip

necessity는 ❶ [　　　] necessary 의 ❷ [　　　] 형이다.

🔑 ❶ 형용사 ❷ 명사

2 다음 그림을 보고, 괄호 안에서 알맞은 단어를 고르시오.

Her new song is a different genre from the (precious / previous) ones.

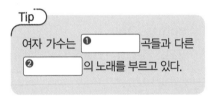

Tip

여자 가수는 ❶ [　　　] 곡들과 다른 ❷ [　　　] 의 노래를 부르고 있다.

🔑 ❶ 이전 ❷ 장르

Words
genre (음악 등의) 장르

3 다음 문장의 밑줄 친 단어와 의미가 가장 유사한 것은?

It's too <u>complex</u> to explain how to solve the math problem.

① unfair   ② energetic   ③ worthless

④ immediate   ⑤ complicated

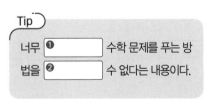

Tip

너무 ❶ [　　　] 수학 문제를 푸는 방 법을 ❷ [　　　] 수 없다는 내용이다.

🔑 ❶ 복잡해서 ❷ 설명할

Words
explain 설명하다
solve 해결하다, 풀다

4 다음 영어 문장을 우리말로 바르게 옮긴 학생은?

> The treasure map was completely worthless to them.

① 그 보물 지도는 그들에게 아주 귀중했다.

② 그 보물 지도는 그들에게 완전히 복잡했다.

③ 그 보물 지도는 그들에게 완전히 쓸모없었다.

④ 그 보물 지도는 그들에게 완전히 만족스러웠다.

⑤ 그 보물 지도는 그들에게 완전히 현실적이었다.

Tip

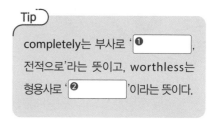

completely는 부사로 '❶_____, 전적으로'라는 뜻이고, worthless는 형용사로 '❷_____'이라는 뜻이다.

🔑 ❶ 완전히 ❷ 쓸모없는

Words
treasure map 보물 지도

---

5 다음 사진을 보고, 〈보기〉에서 알맞은 단어를 골라 문장의 밑줄 친 부분을 바르게 고쳐 쓰시오.

© Dmitry Demkin / Shutterstock

┤ 보기 ├

harsh   active   precious   necessary

> The plant survives in the <u>comfortable</u> environment of the desert.

➡ _____

Tip

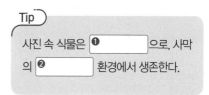

사진 속 식물은 ❶_____으로, 사막의 ❷_____ 환경에서 생존한다.

🔑 ❶ 선인장 ❷ 혹독한

Words
survive 살아남다, 생존하다
environment 환경
desert 사막

029 **proper** [prápər]

- 파생어 / 반의어 / 유의어 / 혼동어

형 적당한, 적절한
This is not a **proper** way to do it.
이것은 그 일을 하는 적당한 방법이 아니다.

properly [prápərli]
부 적절히, 제대로
Your brain needs energy to work **properly**.
뇌가 제대로 활동하려면 에너지가 필요하다.

030 **political** [pəlítikəl]

- 파생어 / 반의어 / 유의어 / 혼동어

형 정치의, 정치적인
a **political** rival 정치적 경쟁 상대

politics [pálətiks]
명 정치
international **politics** 국제 정치

031 **convenient** [kənví:njənt]

- 파생어 / 반의어 / 유의어 / 혼동어

형 편리한, 편한
It's more **convenient** to go by car.
차로 가는 것이 더 편리하다.

inconvenient [ìnkənví:njənt]
형 불편한, 곤란한
Monday is a little **inconvenient** for me.
월요일은 제게 조금 곤란합니다.

032 **positive** [pázətiv]

- 파생어 / 반의어 / 유의어 / 혼동어

형 긍정적인, 낙관적인
a **positive** attitude 긍정적인 태도

negative [négətiv]
형 부정적인
write **negative** reviews 부정적인 후기를 쓰다

033 **effective** [iféktiv]

- 파생어 / 반의어 / 유의어 / 혼동어

형 효과적인, 효력 있는
The solution was simple but very **effective**.
그 해결책은 간단했지만 매우 효과적이었다.

ineffective [ìniféktiv]
형 효과 없는, 효력 없는
The method was found to be **ineffective**.
그 방법은 효과가 없는 것으로 밝혀졌다.

034 **accurate** [ǽkjurət]

- 파생어 / 반의어 / 유의어 / 혼동어

형 정확한
I'm not sure that the reports are **accurate**.
나는 그 보고서들이 정확한지 잘 모르겠다.

exact [igzǽkt]
형 정확한
He explained the **exact** condition of the product.
그는 제품의 정확한 상태를 설명했다.

필수 예제 3

우리말을 참고하여 빈칸에 알맞은 단어를 쓰시오.

(1) accurate – _____
   정확한

(2) political – _____
   정치의, 정치적인 – 정치

(3) proper – _____
   적당한, 적절한 – 적절히, 제대로

(4) positive : negative = _____ : inconvenient
   = effective : ineffective
   긍정적인, 낙관적인 : 부정적인 = 편리한, 편한 : 불편한, 곤란한
   = 효과적인, 효력 있는 : 효과(효력) 없는

확인 문제 3-1

우리말을 참고하여 밑줄 친 부분이 맞으면 O, 틀리면 ×에 표시하시오.

(1) The hotel is in an <u>inconvenient</u> location. (O / ×)
   그 호텔은 편리한 위치에 있다.

(2) The new vaccine is highly <u>effective</u> against the flu. (O / ×)
   그 새로운 백신은 독감에 매우 효과적이다.

Words

location 장소, 위치
vaccine (예방) 백신
highly 대단히, 매우
flu 독감

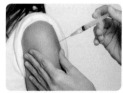

© Adam Gregor / Shutterstock

확인 문제 3-2

영영 풀이에 해당하는 단어를 주어진 철자로 시작하여 쓰시오.

(1) a_____ : right and true without any errors or mistakes
(2) p_____ : suitable for the purpose or situation, or socially acceptable
(3) n_____ : thinking about the bad qualities of someone or something

Words

suitable 적합한, 적절한
purpose 목적
socially 사회적으로
acceptable 받아들여지는
quality 특성; 질

파생어 반의어 유의어 혼동어

035 evident [évədənt]

형 분명한, 명백한
It was **evident** that he was unhappy.
그가 행복하지 않은 것은 분명했다.

evidence [évədəns]

명 증거, 근거
She found scientific **evidence** for the theory.
그녀는 그 이론에 대한 과학적인 증거를 발견했다.

파생어 **반의어** 유의어 혼동어

036 correct [kərékt]

형 맞는, 정확한
Only one of the choices is **correct**.
선택지 중 하나만이 맞다.

incorrect [ìnkərékt]

형 부정확한, 틀린
spread **incorrect** information
부정확한 정보를 퍼트리다

파생어 **반의어** 유의어 혼동어

037 external [ikstə́ːrnl]

형 외부의
the **external** appearance of a building
건물의 외관

internal [intə́ːrnl]

형 내부의
The skeleton protects **internal** organs.
골격은 내부 장기를 보호한다.

파생어 반의어 **유의어** 혼동어

038 furthermore [fə́ːrðərmɔ̀ːr]

부 더욱이, 게다가
I was tired. **Furthermore**, it was getting dark.
나는 피곤했다. 게다가 날이 어두워지고 있었다.

moreover [mɔːróuvər]

부 더욱이, 게다가
It is cheap. **Moreover**, the quality is good.
그것은 저렴하다. 게다가 품질도 좋다.

파생어 반의어 **유의어** 혼동어

039 jealous [dʒéləs]

형 선망하는; 질투하는
She's **jealous** of her sister's long blonde hair.
그녀는 언니의 긴 금발 머리를 선망한다.

envious [énviəs]

형 부러워하는, 선망하는
They were **envious** of her success.
그들은 그녀의 성공을 부러워했다.

파생어 반의어 유의어 **혼동어**

040 constant [kάnstənt]

형 끊임없는, 지속적인
I suffer from **constant** headaches.
나는 지속적인 두통을 앓고 있다.

construct [kənstrʌ́kt]

동 건설하다
The building was **constructed** in 1997.
그 건물은 1997년에 건설되었다.

필수 예제 4

우리말을 참고하여 빈칸에 알맞은 단어를 쓰시오.

(1) _____ – envious
선망하는, 부러워하는

(2) furthermore – _____
더욱이, 게다가

(3) evident – _____
분명한, 명백한 – 증거, 근거

(4) _____ – construct
끊임없는, 지속적인 – 건설하다

(5) external : internal = _____ : incorrect
외부의 : 내부의 = 맞는, 정확한 : 부정확한, 틀린

확인 문제 4-1

우리말을 참고하여 밑줄 친 부분이 맞으면 ○, 틀리면 ×에 표시하시오.

(1) Please check that the addresses are incorrect. (○ / ×)
주소가 정확한지 확인해 주세요.

(2) I learned the external structure of the Earth. (○ / ×)
나는 지구의 내부 구조를 배웠다.

Words
check 점검하다, 확인하다
address 주소
structure 구조

확인 문제 4-2

영영 풀이에 해당하는 단어를 주어진 철자로 시작하여 쓰시오.

(1) c_____ : to build something such as a house, bridge, road, etc.

(2) e_____ : wanting to have something that someone else has

(3) e_____ : facts or signs that show that something exists or is true

Words
bridge 다리
sign 징표; 부호
exist 존재하다

© pisaphotography / Shutterstock

1 다음 중 품사가 나머지 넷과 <u>다른</u> 것은?

① internal ② jealous ③ ineffective
④ evidence ⑤ convenient

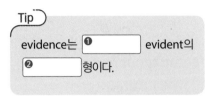

Tip
evidence는 ❶ ☐ evident의
❷ ☐ 형이다.

답 ❶ 형용사 ❷ 명사

2 다음 그림을 보고, 괄호 안에서 알맞은 단어를 고르시오.

She won the contest, and everybody was (envious / exact) of her.

Tip
소녀가 대회에서 우승했고, 주변 사람들
이 ☐ 표정으로 소녀를 바라
보고 있다.

답 부러운

Words
contest 대회

3 다음 문장의 밑줄 친 단어와 의미가 가장 유사한 것은?

He is a talented actor. <u>Moreover</u>, he sings really well.

① Effective ② Properly ③ Constant
④ Incorrect ⑤ Furthermore

Tip
그는 ❶ ☐ 배우라고 언급하고,
노래도 잘한다는 내용을 ❷ ☐
말하고 있다.

답 ❶ 재능 있는 ❷ 추가하여

Words
talented 재능 있는

4 다음 영어 문장을 우리말로 바르게 옮긴 학생은?

> Wearing a mask is an effective way to prevent infection.

① 마스크 쓰기는 감염을 막는 편리한 방법이다.

② 마스크 쓰기는 감염을 막는 적당한 방법이다.

③ 마스크 쓰기는 감염을 막는 긍정적인 방법이다.

④ 마스크 쓰기는 감염을 막는 효과적인 방법이다.

⑤ 마스크 쓰기는 감염을 막는 불편한 방법이다.

Tip

effective는 ❶ ⬚ 로 '❷ ⬚'이라는 뜻이다.

답 ❶ 형용사 ❷ 효과적인

Words
prevent 막다
infection 감염

5 다음 그림을 보고, <보기>에서 알맞은 단어를 골라 문장의 밑줄 친 부분을 바르게 고쳐 쓰시오.

3:00 PM

┌ 보기 ┐
external   political   accurate   negative

The clock tower keeps <u>convenient</u> time.

➡ _____

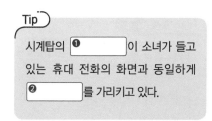

Tip

시계탑의 ❶ ⬚ 이 소녀가 들고 있는 휴대 전화의 화면과 동일하게 ❷ ⬚ 를 가리키고 있다.

답 ❶ 시간 ❷ 3시

Words
clock tower 시계탑
keep time (시계가) 시간이 맞다

2주 4일 교과서 대표 전략 ❶

대표 예제 ❶

다음 짝지어진 두 단어의 관계가 같도록 빈칸에 알맞은 단어를 쓰시오.

(1) harsh : severe = jealous : _____

(2) _____ : politics = evident : evidence

개념 Guide

형용사 harsh와 severe는 ❶[   ] 관계이고, 형용사 evident와 명사 evidence는 ❷[   ] 관계이다.

답 ❶ 유의어 ❷ 파생어

대표 예제 ❷

다음 짝지어진 두 단어의 관계가 같도록 빈칸에 알맞은 단어를 모두 고르시오.

- fair : unfair = _____ : negative
- active : energetic = _____ : complicated

① mental　　　　② steady
③ effective　　　④ positive
⑤ complex

개념 Guide

형용사 fair와 unfair는 ❶[   ] 관계이고, 형용사 active와 energetic은 ❷[   ] 관계이다.

답 ❶ 반의어 ❷ 유의어

대표 예제 ❸

다음 영영 풀이에 해당하는 단어로 가장 알맞은 것은?

made by people to be like something real or natural

① artificial　　　② multiple
③ frequent　　　④ immediate
⑤ convenient

개념 Guide

'사람에 의해 진짜나 ❶[   ] 것처럼 만들어진'이라는 뜻을 가진 형용사이다.

- real ❷[   ]　　　• natural 자연의

답 ❶ 자연적인 ❷ 진짜의

대표 예제 ❹

다음은 그림 속 상황에 대한 영영 풀이이다. 빈칸에 가장 알맞은 것은?

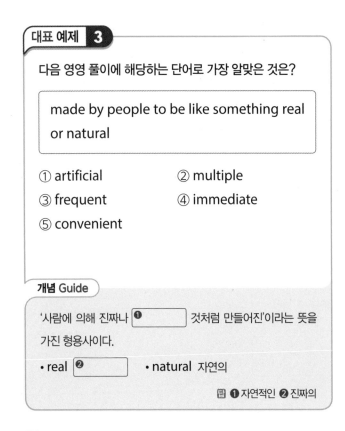

feeling pleased because you have got what you _____ or needed

① lost　　　　　② broke
③ forgot　　　　④ wanted
⑤ disliked

개념 Guide

소년은 셔츠를 입고 만족스러운 표정을 짓고 있으므로 소년의 상황에 해당하는 영어 단어는 ❶[   ]이다.

- pleased ❷[   ]

답 ❶ satisfied ❷ 기뻐하는

대표 예제 5

다음 우리말을 영어로 옮길 때, 빈칸에 알맞은 단어를 모두 고르시오.

> 그 남자가 거짓말을 하고 있는 것이 분명하다.
>
> It is _____ that the man is telling a lie.

① severe   ② proper

③ evident   ④ obvious

⑤ necessary

개념 Guide

우리말 '분명하다'에 해당하는 형용사는 ❶ [_____] 와 obvious 이다.

• tell a lie ❷ [_____] 을 하다

❶ evident ❷ 거짓말

대표 예제 6

다음 그림을 보고, 문장의 빈칸에 알맞은 단어를 고르시오.

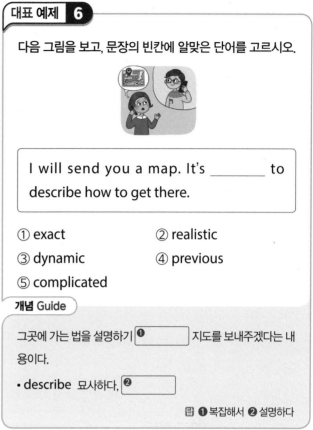

> I will send you a map. It's _____ to describe how to get there.

① exact   ② realistic

③ dynamic   ④ previous

⑤ complicated

개념 Guide

그곳에 가는 법을 설명하기 ❶ [_____] 지도를 보내주겠다는 내용이다.

• describe 묘사하다, ❷ [_____]

❶ 복잡해서 ❷ 설명하다

대표 예제 7

다음 중 밑줄 친 부분의 우리말 뜻이 바른 것은?

① I can't remember the exact date. (공평한)

② I don't have any particular plan in mind. (특정한)

③ She is a frequent visitor to this shop. (드문)

④ There is no evidence that the accident happened. (신호)

⑤ The rent is cheap. Moreover, the location is perfect. (그렇지만)

개념 Guide

형용사 ❶ [_____] 는 '특정한'이라는 뜻이다.

• have ~ in mind ~을 염두에 두다   • accident 사고

• rent ❷ [_____] , 임차료

❶ particular ❷ 집세

대표 예제 8

다음 중 밑줄 친 부분의 쓰임이 가장 어색한 것은?

① I think his Spanish is excellent.

② It is not proper to speak that way.

③ They are making steady progress.

④ The data is very meaningful to scientists.

⑤ Sit in an uncomfortable position and relax.

개념 Guide

in ~ position은 '~한 ❶ [_____] '라는 뜻이다.

• progress 발전, 진전

• relax ❷ [_____] 을 취하다

❶ 자세로 ❷ 휴식

대표 예제 9

다음 문장의 빈칸에 들어갈 단어로 가장 알맞은 것은?

> I need to get my computer fixed. It isn't working _____ .

① steady
② properly
③ urgently
④ immediately
⑤ furthermore

개념 Guide

컴퓨터가 ❶ [   ] 작동되지 않아 수리해야 한다는 내용이다.

• fix ❷ [   ] , 고치다

🔒 ❶ 제대로 ❷ 수리하다

대표 예제 10

다음 빈칸에 공통으로 들어갈 단어를 주어진 철자로 시작하여 쓰시오.

> • Food is _____ for life on Earth.
> • It's not _____ to wear a mask outside.

➡ n_____

개념 Guide

첫 번째 문장은 지구상의 생명체에게 음식(먹이)은 '❶ [   ] 이다'라는 의미이고, 두 번째 문장은 밖에서는 꼭 마스크를 쓸 '❷ [   ] '가 없다는 의미이다.

🔒 ❶ 필수 ❷ 필요

대표 예제 11

다음 문장의 밑줄 친 단어 중 아래 영영 풀이에 해당하는 것은?

> happening or done once every year

① I think the punishment is harsh.
② Stress can affect your mental health.
③ Every hour with my family was precious.
④ The constant noise made the girl nervous.
⑤ It's time for your annual medical checkup.

개념 Guide

'❶ [   ] 한 번씩 일어나거나 행해지는'이라는 뜻이다.

• affect 영향을 미치다   • nervous 불안해(초조해)하는
• medical checkup ❷ [   ]

🔒 ❶ 매해 ❷ 건강 검진

대표 예제 12

다음 사진을 보고, 문장의 빈칸에 알맞지 <u>않은</u> 단어를 <u>모두</u> 고르시오.

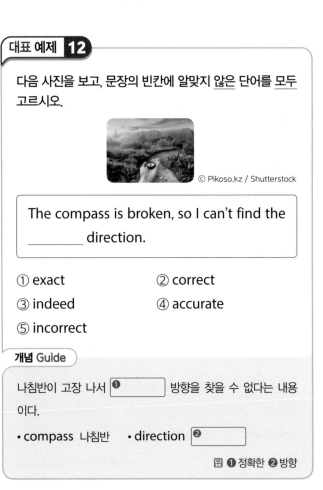
© Pikoso.kz / Shutterstock

> The compass is broken, so I can't find the _____ direction.

① exact
② correct
③ indeed
④ accurate
⑤ incorrect

개념 Guide

나침반이 고장 나서 ❶ [   ] 방향을 찾을 수 없다는 내용이다.

• compass 나침반   • direction ❷ [   ]

🔒 ❶ 정확한 ❷ 방향

대표 예제 13

다음 문장의 빈칸에 공통으로 들어갈 단어로 가장 알맞은 것은?

> • The boy is _____ of jumping over the wall.
> • Amy is only 5, but she is _____ of reading books.

① capable
② previous
③ multiple
④ complete
⑤ ineffective

개념 Guide

두 문장 모두 '❶ [　　　]'이라는 의미를 가진 단어가 들어가야 한다.

• jump over ~을 ❷ [　　　]

🔑 ❶ ~할 수 있는 ❷ 뛰어넘다

대표 예제 14

다음 문장의 빈칸에 들어갈 단어가 바르게 짝지어진 것은?

> • It was _____ that only men had the right to vote.
> • Many soldiers died during that _____ winter of the war.

① fair – harsh
② fair – severe
③ unfair – harsh
④ fair – proper
⑤ unfair – proper

개념 Guide

첫 번째 문장은 남성들만 투표권을 가졌던 것은 ❶ [　　　]했다는 내용이고, 두 번째 문장은 ❷ [　　　] 겨울에 많은 군인이 죽었다는 내용이다.

• right 권리, 권한　• vote 투표하다
• soldier 군인, 병사

🔑 ❶ 불공평 ❷ 혹독한

대표 예제 15

다음 중 밑줄 친 부분의 우리말 뜻이 바르지 않은 것은?

① I'm completely sure about that. (완전히)
② The photo is priceless to Emily. (가치 없는)
③ Her parents were eager to hear her news. (간절히 바라는)
④ It became evident that there was a mistake. (분명한)
⑤ This camera is simple and convenient to use. (편리한)

개념 Guide

형용사 priceless는 '❶ [　　　], 값을 매길 수 없는'이라는 뜻이다.

• mistake 실수, 잘못　• simple ❷ [　　　], 쉬운

🔑 ❶ 아주 귀중한 ❷ 간단한

대표 예제 16

다음 사진을 보고, 대화의 빈칸에 알맞은 단어를 고르시오.

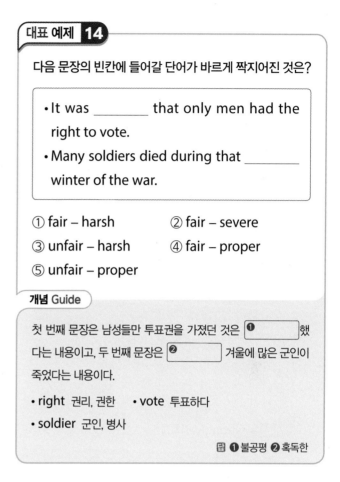
© iamtui7 / Shutterstock

> A: Do you have this T-shirt in red?
> B: Yes, this one comes in _____ colors.

① fair
② exact
③ eager
④ indeed
⑤ multiple

개념 Guide

가게의 옷걸이에 ❶ [　　　] 색상의 티셔츠가 걸려 있다.

• come (상품 등이) ❷ [　　　]

🔑 ❶ 여러 ❷ 나오다

[1~2] 다음 영영 풀이에 해당하는 단어로 알맞은 것을 고르시오.

1

| strongly interested in something and wanting to do or have it |

① eager   ② hollow

③ evident   ④ realistic

⑤ convenient

> **Tip**
>
> '무언가에 강하게 ❶[   ]이 있고, 그것을 하거나 ❷[   ] 싶어 하는'이라는 뜻을 가진 단어가 무엇인지 생각해 본다.
>
> 답 ❶ 관심 ❷ 가지고

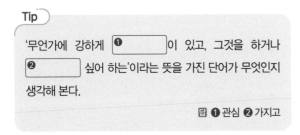

Words   strongly 강하게

2

| feeling unhappy because someone has something that you want |

① exact   ② active

③ positive   ④ jealous

⑤ excellent

> **Tip**
>
> '누군가가 당신이 ❶[   ] 것을 가지고 있어서 ❷[   ]'이라는 뜻을 가진 단어가 무엇인지 생각해 본다.
>
> 답 ❶ 원하는 ❷ 기분이 안 좋은

Words   unhappy 기분이 안 좋은

3 다음 문장의 밑줄 친 단어의 영영 풀이로 가장 알맞은 것은?

| I don't think it's <u>fair</u> to give her a bigger piece of cake. |

① relating to the outside of something

② happening or doing something often

③ continuing over a long period of time

④ treating everyone equally and in a right way

⑤ having no value or importance, or not useful

> **Tip**
>
> 소녀에게 ❶[   ] 케이크를 주는 것이 ❷[   ]하지 않다고 말하고 있다. 이 의미를 설명하는 것이 무엇인지 찾아본다.
>
> 답 ❶ 더 큰 ❷ 공평

Words   relate to ~와 관계가 있다
continue 계속되다
period 기간
equally 똑같이, 동등하게
value 가치

4 다음 우리말과 일치하도록 빈칸에 알맞은 단어를 쓰시오.

(1) Write about a(n) _____ event in your life.

(당신의 인생에서 의미 있는 사건에 대해 쓰세요.)

(2) The U.S. has two main _____ parties.

(미국에는 두 개의 주요 정당이 있다.)

(3) A car is a(n) _____ if you live in the country.

(당신이 시골에 산다면 자동차는 필수품이다.)

Tip

(1)에서 우리말 '❶ [　　　]'과 (2)에서 '정치의'에 해당하는 형용사를 생각해 본다. (3)에서 우리말 '❷ [　　　]'에 해당하는 명사를 생각해 본다.

🔑 ❶ 의미 있는 ❷ 필수품

Words main 주된, 주요한
country 시골, 전원

5 다음 짝지어진 두 단어의 관계가 나머지 넷과 <u>다른</u> 것은?

① harsh – severe

② active – energetic

③ correct – incorrect

④ complex – complicated

⑤ furthermore – moreover

Tip

유의어 관계인 단어 쌍과 [　　　] 관계인 단어 쌍을 구분해 본다.

🔑 반의어

6 다음 글의 빈칸에 들어갈 단어로 가장 알맞은 것은?

Our future with robots looks bright but not perfect. Some people expect life to become more _____ with the help of robots. However, other people worry about problems they might cause, such as threats to our jobs and safety. The important thing is to find possible solutions and to ensure that robots are only used for good.

① annual

② evident

③ particular

④ convenient

⑤ immediately

Tip

로봇과 함께하는 우리의 ❶ [　　　]에 대해 어떤 사람들은 삶이 더 ❷ [　　　] 것이라 기대한다. 반면 다른 사람들은 로봇이 야기할 수 있는 문제들을 걱정한다.

🔑 ❶ 미래 ❷ 편리해질

Words bright 밝은
expect 기대하다
cause 야기(초래)하다
such as ~와 같은
threat 위협, 위험
solution 해법, 해결책
ensure 반드시 ~하게 하다

2주

1 다음 그림을 보고, 우리말과 일치하도록 빈칸에 알맞은 단어를 고르시오.

The cat is asleep during the daytime but is very _____ at night.
(그 고양이는 낮 동안 잠을 자지만, 밤에는 매우 활동적이다.)

① fair   ② active
③ steady   ④ proper
⑤ complete

2 다음 영영 풀이에 해당하는 단어를 주어진 철자로 시작하여 쓰시오.

cruel and not kind; (of weather or conditions) very difficult for people, animals, and plants to live in

➡ h_____

3 다음 문장의 밑줄 친 단어와 품사가 다른 것을 모두 고르시오.

Seoul is one of the most <u>dynamic</u> cities in the world.

① indeed   ② capable
③ effective   ④ complex
⑤ evidence

4 다음 우리말과 일치하도록 빈칸에 알맞은 단어를 〈보기〉에서 골라 쓰시오.

┌ 보기 ┐
hollow   satisfied   incorrect

(1) Are you _____ with your haircut?
(너는 새로 자른 머리 모양에 만족하니?)

(2) I tapped the can and it sounded _____.
(깡통을 톡톡 쳤더니 속이 빈 소리가 났다.)

Words

1 asleep 잠이 든, 자고 있는   daytime 낮 (시간), 주간   **2** cruel 잔혹한, 잔인한   conditions (pl.) 환경, 상황
4 haircut (새로 자른) 머리 모양   tap 가볍게 두드리다, 톡톡 치다

5 다음 중 영어 단어와 우리말 뜻이 <u>잘못</u> 연결된 것은?

① particular – 특정한

② evidence – 증거, 근거

③ mental – 정신의, 마음의

④ immediately – 완전히, 전적으로

⑤ priceless – 아주 귀중한, 값을 매길 수 없는

6 다음 글의 네모 안에서 알맞은 단어를 골라 쓰시오.

My family is the most important thing to me. In my dream house, my family feels safe and comfortable / uncomfortable . At the gate, you can find a beautifully designed sign with my family's picture on it. When you enter the house, you will see a large living room. My family sometimes plays board games and sings there. It will have a garden with a large picnic table for family picnics. There, we will enjoy barbecues. Do you like my dream house?

➡ _____

7 다음 글의 빈칸 (A)와 (B)에 들어갈 단어가 순서대로 바르게 짝지어진 것은?

In 30 years, school life will be very different from now. It is likely that there will be a big change in location. Students won't have to go to school. Instead, they will study at home using a variety of apps.

One ___(A)___ effect of such a change would be that students could save time because they would not have to go to school and come back. However, there could be some ___(B)___ effects too. For example, students wouldn't be able to meet their friends as often. We don't know exactly what school life will be like in the future, but I hope it will be as fun and meaningful as it is now.

	(A)		(B)
①	positive	–	obvious
②	positive	–	negative
③	negative	–	obvious
④	negative	–	positive
⑤	obvious	–	negative

Words

6 barbecue 바비큐 파티 **7** location 장소, 위치 instead 대신에 a variety of 여러 가지의 app(= application) 응용 프로그램, 앱

such 그런, 그러한

A 영어 단어 카드의 지워진 부분을 채운 다음, 우리말 뜻과 바르게 연결하시오.

1. jealous

   ⓐ 이전의, 앞의; 직전의

2. previous

   ⓑ 선망하는; 질투하는

3. urgently

   ⓒ 훌륭한, 우수한

4. excellent

   ⓓ 복잡한

5. complicated

   ⓔ 급히, 다급하게

B 각 사람이 하는 말과 일치하도록 A에서 완성한 단어 중 알맞은 것을 골라 문장을 완성하시오.

1.

   그 설명은 조금 복잡하게 들려.

   ➡ The explanation sounds a bit _____.

2.

   왕비는 백설 공주의 미모를 질투했어.

   ➡ The Queen was _____ of Snow White's beauty.

3.

   이 일에는 이전의 경험이 필요하지 않아요.

   ➡ No _____ experience is needed for this job.

C 카드의 우리말 뜻에 해당하는 영어 단어를 쓰고, 퍼즐에서 찾아 표시하시오. (→ 방향과 ↓방향으로 찾을 것)

즉각적인, 당장의
immediate

인공의, 인공적인
_____

내부의
_____

잦은, 빈번한
_____

꾸준한; 안정적인
_____

현실적인
_____

만족하는, 만족스러워하는
_____

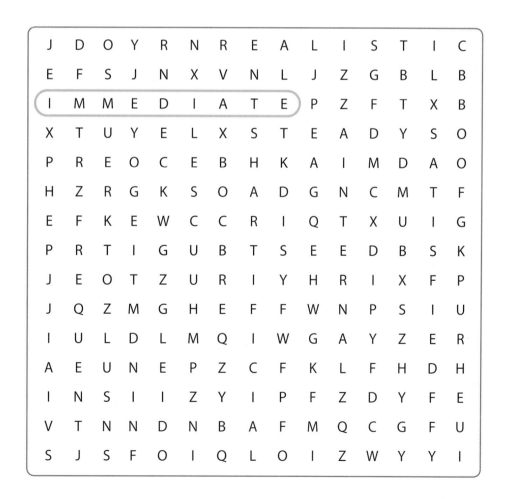

J	D	O	Y	R	N	R	E	A	L	I	S	T	I	C
E	F	S	J	N	X	V	N	L	J	Z	G	B	L	B
I	M	M	E	D	I	A	T	E	P	Z	F	T	X	B
X	T	U	Y	E	L	X	S	T	E	A	D	Y	S	O
P	R	E	O	C	E	B	H	K	A	I	M	D	A	O
H	Z	R	G	K	S	O	A	D	G	N	C	M	T	F
E	F	K	E	W	C	C	R	I	Q	T	X	U	I	G
P	R	T	I	G	U	B	T	S	E	E	D	B	S	K
J	E	O	T	Z	U	R	I	Y	H	R	I	X	F	P
J	Q	Z	M	G	H	E	F	F	W	N	P	S	I	U
I	U	L	D	L	M	Q	I	W	G	A	Y	Z	E	R
A	E	U	N	E	P	Z	C	F	K	L	F	H	D	H
I	N	S	I	I	Z	Y	I	P	F	Z	D	Y	F	E
V	T	N	N	D	N	B	A	F	M	Q	C	G	F	U
S	J	S	F	O	I	Q	L	O	I	Z	W	Y	Y	I

D 우리말 뜻을 참고하여 철자를 바른 순서로 배열하여 쓰시오.

1. _____ : 정확한

e c c u
t r a a

2. _____ : 귀중한, 소중한

s i r o
p e c u

3. _____ : 매년의, 연례의; 연간의

n a u l n a

4. _____ : 효과적인, 효력 있는

f c e f v
t e e i

5. _____ : 편안한

a e o c t l
f o m r b

6. _____ : ~할 수 있는; 유능한

a a l e
c p b

E 각 사람이 하는 말과 일치하도록 D에서 완성한 단어 중 알맞은 것을 골라 문장을 완성하시오.

1.

그가 나에게 준 정보는 정확하지 않았어.

➡ The information he gave me was not _____ .

2.

이 약은 복통에 효과적이야.

➡ This medicine is _____ for stomachaches.

3.

그녀는 나에게 비행기에서 편안한 옷을 입으라고 조언했어.

➡ She advised me to wear _____ clothing on the plane.

F 퍼즐을 완성하시오.

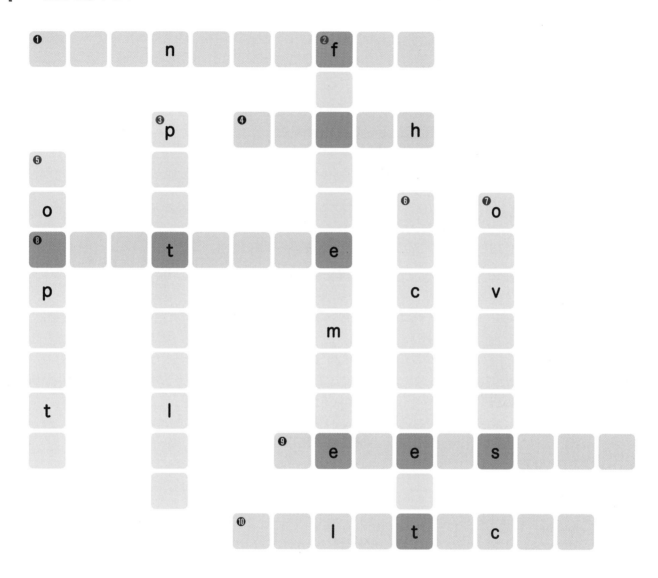

Across ▶

❶ _____ : 의미 있는, 중요한

❹ _____ : severe = active : energetic

❽ _____ : 다수의, 여럿의

❾ provide _____ information
  (필요한 정보를 제공하다)

❿ discuss a major _____ issue
  (주요 정치 문제를 논의하다)

Down ▼

❷ accurate : exact = _____ :
  moreover

❸ _____ : 특정한

❺ I collected the _____ set of *Harry Potter* books.
  (나는 《해리포터》 책 전집을 모았다.)

❻ use _____ expressions
  (부정확한 표현을 사용하다)

❼ clear to understand or notice
  ➡ _____

Week 1 1주 차에 학습한 어휘입니다. ●, ⬡, ■, ◆ 에 알맞은 철자를 넣어 단어를 완성해 봅시다.
아는 단어에 ✔ 표시하고, 모르는 단어는 복습하세요.

☐ imi◆a◆e

☐ decline

☐ ●on■irm

☐ purchase

☐ a■o●d

☐ s◆ruggle

☐ a●●ess

☐ involve

☐ retire

☐ soak

☐ a●●ompany

☐ ●onsume

☐ ove◆hea⬡

☐ compose

☐ de●la⬡e

☐ manufac◆u◆e

☐ rely

☐ observe

☐ allow

☐ delay

☐ expose

☐ ⬡equi⬡e

☐ ◆ransla◆e

☐ analyze

☐ app⬡ove

☐ ●on●entrate

☐ inves◆iga◆e

☐ contribute

☐ arrange

☐ ⬡emove

☐ separa◆e

☐ restri■t

☐ violate

☐ deserve

☐ migra◆e

☐ embarrass

☐ ⬡ejec◆

☐ es■ablish

☐ explode

☐ ■rus◆ra◆e

답 ●c ⬡r ■f ◆t

Week 2 2주 차에 학습한 어휘입니다. ●, ⬣, ■, ◆ 에 알맞은 철자를 넣어 단어를 완성해 봅시다.
아는 단어에 ✔ 표시하고, 모르는 단어는 복습하세요.

☐ ■articul◆r

☐ excellent

☐ obviou⬣

☐ ■ag●r

☐ hollow

☐ ◆rtifici◆l

☐ multi■le

© iamtui7 / Shutterstock

☐ urgently

☐ ind●●d

☐ annual

☐ meaningful

☐ frequent

☐ ment◆l

☐ ⬣t●ady

☐ capable

☐ dyn◆mic

☐ complete

☐ ⬣atisfied

☐ priceless

☐ f◆ir

☐ com■lex

☐ har⬣h

© Dmitry Demkin / Shutterstock

☐ immediate

☐ n●ce⬣⬣ary

☐ comfortable

☐ r●alistic

☐ ◆ctive

☐ previous

☐ prop●r

☐ ■olitical

☐ convenient

☐ ■o●itive

☐ effective

☐ ◆ccur◆te

3:00 PM

☐ evident

☐ correct

☐ extern◆l

☐ furthermore

☐ j●◆lous

☐ con⬣tant

답 ● e ⬣ s ■ p ◆ a

[1~2] 다음 그림표를 보고, 물음에 답하시오.

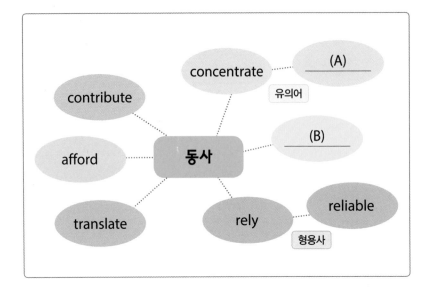

concentrate ❶ ▯

contribute 기여하다, 공헌하다

afford ~할 형편이 되다, 여유가 있다

❷ ▯ 번역하다

rely 의지(의존)하다; 신뢰하다

reliable 믿을(신뢰할) 수 있는

답 ❶ 집중하다 ❷ translate

---

1 그림표의 빈칸 (A), (B)에 알맞은 단어를 각각 골라 쓰시오.

(A)   confirm   focus   separate

➡ _____

(B)   imitate   observation   embarrassed

➡ _____

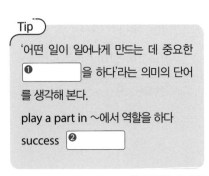

Tip

(A) confirm 확인하다

focus ❶ ▯

separate 나누다, 분리하다; 분리된

(B) contribute, afford, translate, rely, concentrate는 동사이다.

imitate 모방하다; 흉내 내다

observation 관찰, 관측

embarrassed ❷ ▯

답 ❶ 집중하다 ❷ 당황스러운, 난처한

---

2 다음 〈조건〉에 맞게 문장을 완성하시오.

┌ 조건 ┐
1. 위 그림표의 단어 중 아래 영영 풀이에 해당하는 단어를 사용할 것
2. 필요한 경우, 단어의 형태를 변형할 것

to play an important part in making something happen

Everyone has _____ to the success of the project.

Tip

'어떤 일이 일어나게 만드는 데 중요한 ❶ ▯ 을 하다'라는 의미의 단어를 생각해 본다.

play a part in ~에서 역할을 하다

success ❷ ▯

답 ❶ 역할 ❷ 성공

[3~4] 다음 그림표를 보고, 물음에 답하시오.

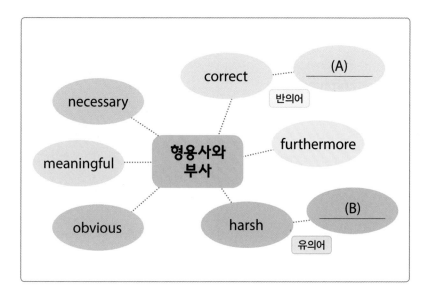

3 그림표의 빈칸 (A), (B)에 알맞은 단어를 각각 골라 쓰시오.

indeed	multiple	severe
capable	incorrect	proper

(A) ➡ _____

(B) ➡ _____

4 위 그림표에서 알맞은 단어를 골라 문장을 완성하시오.

(1) The house is beautiful. _____, it's in a great location.

(2) **A**: Do we have to protect the crops in winter?

    B: Yes. It is _____ when the weather is too cold.

[5~6] 다음 그림표를 보고, 물음에 답하시오.

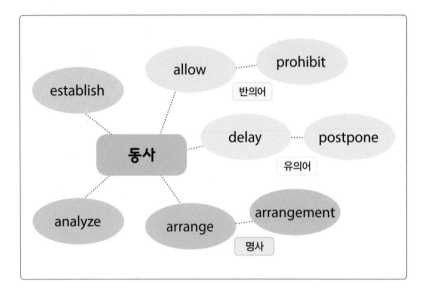

allow **❶**

prohibit 금하다, 금지하다

establish 설립하다, 세우다

❷ 분석하다

arrange 정리하다, 배열하다

arrangement 정리, 배열; 준비

delay 연기하다, 지연시키다

postpone 연기하다, 미루다

🔑 ❶ 허락하다, 허용하다 ❷ analyze

5 짝지어진 두 단어의 관계가 같도록 빈칸에 알맞은 단어를 위 그림표에서 찾아 쓰시오.

(1) arrange – arrangement ＿＿＿＿＿ – analysis

(2) delay – postpone ＿＿＿＿＿ – found

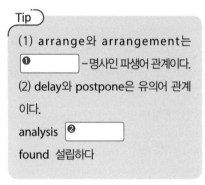

Tip

(1) arrange와 arrangement는 **❶** –명사인 파생어 관계이다.

(2) delay와 postpone은 유의어 관계이다.

analysis **❷**

found 설립하다

🔑 ❶ 동사 ❷ 분석

6 다음 그림을 보고, 위 그림표에서 알맞은 단어를 골라 문장의 밑줄 친 부분을 바르게 고쳐 쓰시오. (단, 필요한 경우, 형태를 변형할 것)

Feeding animals is <u>allowed</u> throughout the zoo.

➡ ＿＿＿＿＿＿＿

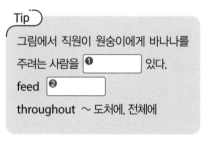

Tip

그림에서 직원이 원숭이에게 바나나를 주려는 사람을 **❶** 있다.

feed **❷**

throughout ~ 도처에, 전체에

🔑 ❶ 제지하고 ❷ 먹이를 주다

>> 정답과 해설 **42쪽**

[7~8] 다음 그림표를 보고, 물음에 답하시오.

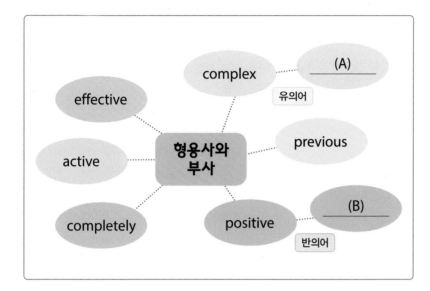

complex **❶** ☐

effective 효과적인, 효력 있는

active 활동적인, 활발한

❷ ☐ 완전히, 전적으로

positive 긍정적인, 낙관적인

previous 이전의, 앞의; 직전의

📖 ❶ 복잡한 ❷ completely

---

7 그림표의 빈칸 (A), (B)에 알맞은 단어를 각각 골라 쓰시오.

| priceless | negative | frequent |
| convenient | satisfied | complicated |

(A) ➡ _____

(B) ➡ _____

Tip

priceless 아주 귀중한, 값을 매길 수
없는

negative **❶** ☐

frequent 잦은, 빈번한

convenient 편리한, 편한

satisfied 만족하는, 만족스러워하는

complicated **❷** ☐

📖 ❶ 부정적인 ❷ 복잡한

---

8 다음 〈조건〉에 맞게 문장을 완성하시오.

┌ 조건 ┐
위 그림표의 단어 중 아래 영영 풀이에 해당하는 단어를 사용할 것

happening or existing before the present time or event

The result is different from the _____ one.

Tip

'현재 시점이나 사건 **❶** ☐ 일어
나거나 존재하는'이라는 의미를 가진 단
어를 생각해 본다.

exist 존재하다

present **❷** ☐

result 결과

📖 ❶ 이전에 ❷ 현재의

1 다음 짝지어진 두 단어의 관계가 나머지 넷과 <u>다른</u> 것은?

① rely – reliable

② remove – removal

③ translate – translation

④ observe – observation

⑤ arrange – arrangement

2 다음 빈칸에 들어갈 단어가 순서대로 바르게 짝지어진 것은?

- allow : prohibit = _____ : accept
- restrict : limit = _____ : postpone

① reject – delay

② reject – decline

③ approve – delay

④ decline – approve

⑤ approve – decline

3 다음 영영 풀이에 해당하는 단어로 가장 알맞은 것은?

to put two or more things together to form a single one

① access

② acquire

③ confirm

④ combine

⑤ separate

4 다음 영영 사전 뜻풀이의 빈칸에 들어갈 단어로 가장 알맞은 것은?

struggle *verb* (struggles, struggled, struggling)
to try hard to do something that is very _____ or causes problems

① boring

② difficult

③ exciting

④ successful

⑤ interesting

[5~6] 다음 문장의 밑줄 친 말과 바꾸어 쓸 수 있는 것을 고르시오.

5

She didn't want to <u>expose</u> her fears to anyone.

① soak

② oppose

③ reveal

④ overhear

⑤ preserve

6

The hospital was <u>established</u> in the 1950s after the war.

① focused

② required

③ explored

④ imitated

⑤ founded

7 다음 중 영어 단어와 우리말 뜻이 <u>잘못</u> 연결된 것은?

① consume – 소비하다, 소모하다

② afford – ~을 받을 만하다

③ access – 접근하다, 접속하다

④ involve – 포함하다, 수반하다

⑤ embarrassed – 당황스러운, 난처한

8 다음 사진을 보고, 문장의 빈칸에 알맞은 단어를 〈보기〉에서 골라 쓰시오.

┌ 보기 ┐
violate   migrate   separate

ⓒ iva / Shutterstock

(1) First, you should _____ the egg yolk from the egg white into different bowls.

ⓒ sirtravelalot / Shutterstock

(2) Salmon _____ from the ocean to the river to lay their eggs.

9 다음 우리말과 일치하도록 문장의 빈칸에 알맞은 단어를 〈보기〉에서 골라 쓰시오.

┌ 보기 ┐
confirm   involve   purchase

(1) 너는 콘서트 표를 온라인으로 구매할 수 있다.
➡ You can _____ a ticket to the concert online.

(2) 지금 출발 날짜를 확인해줄 수 있으신가요?
➡ Can you _____ the date of departure now?

10 다음 네모 안에서 알맞은 말을 골라 순서대로 바르게 짝 지은 것은?

(A) The player contributed / distributed greatly to his team's victory in the final.

(B) The fact that she lost all her money fascinated / frustrated her.

(C) It seemed that a bomb explored / exploded somewhere near.

	(A)	(B)	(C)
①	contributed –	fascinated –	explored
②	contributed –	frustrated –	explored
③	contributed –	frustrated –	exploded
④	distributed –	frustrated –	exploded
⑤	distributed –	fascinated –	exploded

[11~12] 다음 문장의 빈칸에 공통으로 들어갈 단어로 알맞은 것을 고르시오.

11

• He went to prison because he _____(e)d the law.
• Students who _____(e)d the rules were punished.

① limit
② violate
③ analyze
④ arrange
⑤ examine

12

• The group is _____(e)d of students from 3 countries.
• Mozart _____(e)d over 600 pieces of music.

① soak
② declare
③ observe
④ approve
⑤ compose

13 다음 중 밑줄 친 부분의 우리말 뜻이 바르지 않은 것은?

① We oppose the use of nuclear weapons.
(반대하다)
② I had to decline her invitation to the party.
(감소하다)
③ I plan to retire from my job in two years.
(은퇴하다)
④ He got fined for breaking the speed limit.
(어긴 것에 대해)
⑤ I don't think that he deserves the award.
(받을 자격이 있다)

14 다음 우리말과 일치하도록 문장의 밑줄 친 부분을 바르게 고쳐 쓰시오.

(1) All the students will be acquired to take a simple test.
(모든 학생들은 간단한 시험을 치는 것이 요구될 것이다.)
➡ _____

(2) I think we need to analysis the results more carefully.
(나는 우리가 그 결과를 더욱 주의해서 분석해야 한다고 생각한다.)
➡ _____

15 다음 그림을 보고, 〈보기〉에서 알맞은 단어를 골라 문장을 완성하시오.

┌─ 보기 ─────────────────────┐
    preserve   struggle   investigate
└────────────────────────────┘

(1) The police line is formed to _____ the scene.

(2) The policemen are going to _____ the cause of the fire.

16 다음 그림을 보고, 〈보기〉에서 알맞은 단어를 골라 문장의 밑줄 친 부분을 바르게 고쳐 쓰시오.

┌─ 보기 ┐
observe   accompany   accept
└─────────────────────┘

(1) Minsu and Brian are asking Rose to <u>deserve</u> the stars tonight.

➡ _____

(2) Rose is <u>accessing</u> their offer because the sky is clear today.

➡ _____

17 다음 영영 풀이가 옳은 것끼리 짝지어진 것은?

┌─────────────────────────────┐
ⓐ <u>involve</u>: to refuse politely a proposal or invitation

ⓑ <u>embarrass</u>: to make someone feel uncomfortable or ashamed in front of other people

ⓒ <u>overhear</u>: to hear a conversation by accident

*ashamed 부끄러운, 수치스러운
└─────────────────────────────┘

① ⓐ, ⓑ   ② ⓐ, ⓒ
③ ⓑ, ⓒ   ④ ⓐ, ⓑ, ⓒ
⑤ 없음

18 다음 글의 네모 안에서 알맞은 말을 골라 쓰시오.

┌─────────────────────────────┐
This letter was written in 1973 by a woman whose husband was far away. She lived in Sicily, an Italian island, while her husband worked in Germany. At the time, more than 5% of the people in Italy could not read or write, and she was one of them. This letter was discovered by Sicilian writer Gesualdo Bufalino.

Here's how he ┃ translated / focused ┃ the pictures into words.

My dear love, I miss you so much, and I reach my arms out toward you, together with our three kids. We are all in good health except for the little one. He's a little sick, but not seriously.
└─────────────────────────────┘

➡ _____

19 다음 글의 빈칸에 들어갈 말로 가장 알맞은 것은?

┌─────────────────────────────┐
Have you heard of the expression, "Art _____ nature"? Many artists get their ideas and inspirations from the world around them. This is because the natural world is a beautiful place.

*inspiration (예술적 창조를 가능하게 하는) 영감
└─────────────────────────────┘

① declares   ② imitates
③ examines   ④ arranges
⑤ struggles

1 다음 짝지어진 두 단어의 관계가 〈보기〉와 같은 것을 모두 고르시오.

┌─ 보기 ┐
necessary – necessity

① political – politics
② correct – incorrect
③ evident – evidence
④ realistic – unrealistic
⑤ effective – ineffective

2 다음 빈칸에 들어갈 단어가 순서대로 바르게 짝지어진 것은?

• fair : unfair = _____ : negative
• harsh : severe = _____ : complicated

① active – complex
② evident – mental
③ positive – effective
④ positive – complex
⑤ satisfied – energetic

3 다음 영영 풀이에 해당하는 단어로 가장 알맞은 것은?

more than one, many in number

① obvious   ② artificial
③ multiple   ④ complex
⑤ accurate

4 다음 영영 사전 뜻풀이의 빈칸에 들어갈 단어로 가장 알맞은 것은?

capable *adjective*
1. having the _____ to do something
2. very good at doing a job

① ability   ② success
③ courage   ④ weakness
⑤ importance

[5~6] 다음 문장의 밑줄 친 단어와 바꾸어 쓸 수 있는 것을 고르시오.

5

He is really smart. He's <u>accurate</u> in his calculations.

① exact   ② proper
③ internal   ④ complex
⑤ effective

6

She has a beautiful garden, and her friends are <u>envious</u> of her.

① steady   ② correct
③ hollow   ④ jealous
⑤ worthless

7 다음 중 영어 단어와 우리말 뜻이 <u>잘못</u> 연결된 것은?

① particular – 특정한

② frequent – 잦은, 빈번한

③ meaningful – 의미가 다양한

④ furthermore – 더욱이, 게다가

⑤ dynamic – 활력 있는; 역동적인

8 다음 사진 또는 그림을 보고, 문장의 빈칸에 알맞은 단어를 〈보기〉에서 골라 쓰시오.

┌─ 보기 ─┐
proper   mental   comfortable
└─────────┘

ⓒ New Africa / Shutterstock

(1) The bed was so _____ that he fell asleep right away.

(2) This video clip shows the _____ way to brush your teeth.

9 다음 우리말과 일치하도록 문장의 빈칸에 알맞은 단어를 〈보기〉에서 골라 쓰시오.

┌─ 보기 ─┐
complete   necessary   immediately
└─────────┘

(1) 그가 다시 나타나면 제게 즉시 알려주세요.

　➡ If he shows up again, please let me know _____.

(2) 모두가 제시간에 도착할 필요가 있다.

　➡ It is _____ for everyone to arrive on time.

10 다음 네모 안에서 알맞은 단어를 골라 순서대로 바르게 짝지은 것은?

(A) Roberto has made slow but | steady / immediate | progress.

(B) I kept in | construct / constant | contact with my family.

(C) The temperature is higher than in | previous / precious | years.

	(A)	(B)	(C)
①	steady	– construct	– previous
②	steady	– constant	– previous
③	steady	– construct	– precious
④	immediate	– constant	– precious
⑤	immediate	– constant	– previous

[11~12] 다음 문장의 빈칸에 공통으로 들어갈 단어로 알맞은 것을 고르시오.

11

- Enter the _____ password to get access to your account.
- You will get three points for each _____ answer.

① steady
② indeed
③ correct
④ artificial
⑤ previous

12

- Stop being _____ and look on the bright side.
- Fast food can have a(n) _____ effect on your body.

① mental
② obvious
③ frequent
④ negative
⑤ priceless

13 다음 중 밑줄 친 부분의 우리말 뜻이 바르지 <u>않은</u> 것은?

① It is <u>obvious</u> that she doesn't like him.
(분명한)

② It's not <u>fair</u> to ask him to do all the work.
(불공정한)

③ Did you check everything works <u>properly</u>?
(제대로)

④ She is <u>eager to</u> tell her friend what she heard.
(간절히 ~하고 싶은)

⑤ The festival was so popular that it became <u>an annual event</u>. (연례행사)

14 다음 우리말과 일치하도록 문장의 밑줄 친 부분을 바르게 고쳐 쓰시오.

(1) I heard today's weather report, but it was <u>complete</u> wrong.
(나는 오늘의 일기 예보를 들었지만, 그것은 완전히 틀렸다.)

➡ _____

(2) Traveling by subway is fast, <u>inconvenient</u>, and cheap.
(지하철을 타고 다니는 것은 빠르고 편리하며 저렴하다.)

➡ _____

15 다음 그림을 보고, 〈보기〉에서 알맞은 단어를 골라 문장을 완성하시오.

| 보기 |
| uncomfortable   satisfied   particular |

(1) The man is not _____ with his shirt.

(2) The shirt is too tight for him, so he feels very _____.

16 다음 그림을 보고, <보기>에서 알맞은 단어를 골라 문장의 밑줄 친 부분을 바르게 고쳐 쓰시오.

┌─ 보기 ├─
indeed   artificial   internal
└──────────────────────┘

(1) The external walls of the exhibit room were painted yellow.

➡ _____

(2) The natural lights are shone on the sculpture.

➡ _____

17 다음 글의 빈칸에 들어갈 말로 가장 알맞은 것은?

Everyone feels happier when the sun shines. This is because of serotonin, the body's happy hormone. The more sun you get, the more "happy hormone" the brain produces. When your serotonin level goes up, you feel happier and stronger. This helps you fight everyday stress.

Serotonin also has a calming effect, and it helps you focus better on what you are doing. _____, serotonin helps you get a good night's sleep because it helps the brain produce a sleep hormone.

*serotonin 세로토닌(혈관 수축 작용을 하는 호르몬)

① Indeed   ② Urgently
③ Properly   ④ Moreover
⑤ Completely

18 다음 영영 풀이가 옳은 것을 모두 고른 것은?

┌──────────────────────────────┐
│ ⓐ hollow: having an empty space inside
│ ⓑ severe: very bad and extreme, likely to cause harm
│ ⓒ active: doing many activities with a lot of energy
│
│   *extreme 극도의, 극심한
└──────────────────────────────┘

① ⓐ, ⓑ   ② ⓐ, ⓒ
③ ⓑ, ⓒ   ④ ⓐ, ⓑ, ⓒ
⑤ 없음

19 다음 글의 네모 안에서 알맞은 단어를 골라 쓰시오.

Mr. Boggis' secret was simple. He went to small towns every Sunday and knocked on doors. He told people that he was a furniture dealer. People didn't know how valuable their things were, so Mr. Boggis took advantage of them. He was able to buy things very cheaply.

(···)

"I buy old furniture. Do you have any?" asked Mr. Boggis.

"No, I don't," said Rummins.

"Can I just take a look?" asked Mr. Boggis.

"Sure. Please come in," said Rummins.

Mr. Boggis first went to the kitchen, and there was nothing. He then moved to the living room. And there it was! A table which was a priceless / worthless piece of eighteenth-century English furniture. He was so excited that he almost fell over.

➡ _____

부담 없이 술~술~ 풀리는 중학 영어!

시작은 하루 영어
(문법/어휘)

EASY!

꼭 알아야 할 핵심 문법과
필수 어휘를 누구나 쉽게
학습할 수 있는 교재!

FAST!

하루 6쪽, 주 5일, 4주 완성의
체계적인 구성으로 탄탄하게!
꾸준히 공부하는 습관은 덤!

FUN!

지루하고 어려운 영어는 NO!
만화, 이미지, 퀴즈를 활용한
재미있는 영어 공부!

예비중도 OK! 쉽고 재미있는 중학 영어! 초5~중3(문법/어휘 각 3권)

book.chunjae.co.kr

교재 내용 문의 ·························· 교재 홈페이지 ▶ 중학 ▶ 교재상담

교재 내용 외 문의 ····················· 교재 홈페이지 ▶ 고객센터 ▶ 1:1문의

발간 후 발견되는 오류 ············· 교재 홈페이지 ▶ 중학 ▶ 학습지원 ▶ 학습자료실

실력 향상 필수학습!
고득점을 예약하자!

어휘

영어전략
중학3
BOOK 3 정답과 해설

천재교육

BOOK 1

정답과 해설

1주 동사 1 ································· 2

2주 명사 ································· 10

● 신유형 · 신경향 · 서술형 전략 ········· 17

● 적중 예상 전략 1 · 2회 ················· 18

BOOK 1 정답과 해설

1주 동사 1

해석 ❶ 저 차는 교통 신호를 **무시하고** 계속 달렸어요.

해석 ❷ 나는 문을 **고치고** 있어.

해석 ❸ 아, 우리는 글자 H를 **빠뜨렸어.**

해석 ❹ 네, 그는 늘 제 **명령을 따라요.**

1주 1일 개념 돌파 전략 ❶ pp. 8~11

1-1 contact
1-2 (1) emphasized   (2) occurs   (3) attach
2-1 squeeze
2-2 (1) ignored   (2) shift   (3) ruined
3-1 measure
3-2 (1) confess   (2) absorb   (3) determined
4-1 extend
4-2 (1) illustrate   (2) influence   (3) replaced

1주 1일 개념 돌파 전략 ❷ pp. 12~13

A 1. 결정하다; 결심하다
   2. 연장하다; (팔 등을) 뻗다
   3. 이동하다, 옮기다; 변화
   4. (액체 등을) 짜다, 짜내다
   5. 무시하다
   6. 측정하다, 재다
   7. 흡수하다, 빨아들이다
   8. 붙이다, 첨부하다
   9. 강조하다
   10. 망치다, 파괴하다; 잔해, 폐허
   11. 자백하다; 인정하다
   12. 연락하다; 연락
   13. 삽화를 넣다; (예를 들어) 설명하다
   14. 대신(대체)하다; 교체하다
   15. 발생하다, 일어나다
   16. 영향을 주다; 영향(력)

B 1. ignore   2. occur   3. shift   4. contact
   5. ruin   6. attach   7. squeeze   8. emphasize
   9. confess   10. replace   11. absorb
   12. determine   13. influence   14. measure
   15. extend   16. illustrate

C 1. ③   2. ②   3. ③

D 1. ③   2. ③   3. ①

C 해석 1. 비가 오는 날에는 자동차 사고가 더 자주 일어난다.
① 망치다, 파괴하다
② 이동하다, 옮기다
③ 발생하다, 일어나다
2. 네가 팬케이크를 먹을 때, 메이플 시럽은 꿀로 대체될 수 있다.
① 연장하다; (팔 등을) 뻗다
② 대신하다, 대체하다
③ 붙이다, 첨부하다
3. 나는 이 수건이 땀을 매우 잘 흡수한다고 생각한다.
① 무시하다
② 연락하다
③ 흡수하다, 빨아들이다

D 해석 1. 말하거나 쓰는 데 있어 어떤 것을 특별히 중요시하다
① 연락하다
② 측정하다, 재다
③ 강조하다
2. 누군가가 생각하거나 행동하는 방식에 영향을 미치다
① 붙이다, 첨부하다
② 삽화를 넣다; (예를 들어) 설명하다
③ 영향을 주다
3. 잘못되거나 불법적인 일을 했다는 것을 인정하다
① 자백하다
② (액체 등을) 짜다, 짜내다
③ 결정하다; 결심하다

1주 2일 필수 체크 전략 ❶　　pp. 14~17

필수 예제 1　　(1) hire　(2) depend　(3) obey
　　　　　　　(4) assistance, identify
확인 문제 1-1　(1) ×　(2) ○
확인 문제 1-2　(1) (i)dentity　(2) (a)ssist　(3) (r)eflection

확인 문제 1-1
해설 (1) defend는 '방어하다, 수비하다'라는 뜻이므로 depend(의존하다, 의지하다)로 고쳐 써야 한다.
(2) hire: 고용하다

확인 문제 1-2
해석 (1) 신원, 신분: 한 사람의 이름, 또는 어떤 사람이 누구인지
(2) 돕다, 보조하다: 누군가가 어떤 일을 하도록 돕다
(3) (거울 등에 비친) 상: 거울이나 반짝이는 표면에서 볼 수 있는 모습

필수 예제 2　　(1) repair　(2) increase　(3) wander
　　　　　　　(4) appreciate　(5) transportation
확인 문제 2-1　(1) ○　(2) ×
확인 문제 2-2　(1) (t)ransport　(2) (a)ppropriate
　　　　　　　(3) (e)lect

확인 문제 2-1
해설 (1) wonder: 궁금하다, 궁금해하다
(2) 우리말이 '증가하고 있다'이므로 decreasing(감소하는)을 increasing(증가하는)으로 고쳐야 한다.

확인 문제 2-2
해석 (1) 수송하다, 운송하다: 한 장소에서 다른 장소로 물건, 사람 등을 탈것으로 옮기다
(2) 적절한, 적합한: 어떤 목적이나 상황에 알맞거나 어울리는
(3) 선출하다: 투표로 어떤 직책을 맡을 사람을 선택하다

1주 2일 필수 체크 전략 ❷　　pp. 18~19

1 ④　2 reflected　3 ①　4 ⑤　5 increase

1 해설 ④는 명사, 나머지는 모두 동사이다.
해석 ① 고용하다
② 돕다, 보조하다
③ 방어하다, 수비하다
④ 선거; 당선
⑤ (신원 등을) 확인하다, 알아보다

2 해설 구름이 호수에 비치고 있으므로 reflect(비추다)가 알맞다. depend는 '의존하다, 의지하다'라는 뜻이다.
해석 하늘의 구름이 호수에 비치고 있다.

3 해설 동사 fix는 '수리하다, 고치다'라는 뜻으로 repair와 의미가 같다.

해석 울타리가 무너졌어. 내가 그것을 <u>고치는</u> 것을 도와주겠니?
① 수리하다, 고치다
② 거닐다, 돌아다니다
③ 불복종하다, 거역하다
④ 감소하다, 줄다
⑤ 수송하다, 운송하다

4 해설 우리말 '고마워하다'는 appreciate로 나타낸다.

해석 ① assist: 돕다, 보조하다
② defend: 방어하다, 수비하다
③ wonder: 궁금하다, 궁금해하다
④ transport: 수송하다, 운송하다
⑤ appreciate: 고마워하다; 진가를 알아보다

5 해설 도표에서 관객의 규모가 3월보다 4월에 늘어났으므로 문장의 decrease(감소하다, 줄다)를 increase(증가하다, 늘다)로 고쳐야 한다.

해석 〈보기〉 의존하다, 의지하다 / 증가하다, 늘다 / 고용하다 / 선출하다
4월에 관객의 규모가 크게 증가했다.

1주 3일 필수 체크 전략 ❶ pp. 20~23

필수 예제 3	(1) damage (2) weep (3) import (4) commit (5) relief
확인 문제 3-1	(1) × (2) ×
확인 문제 3-2	(1) (e)xport (2) (r)elief (3) (c)onsideration

확인 문제 3-1
해설 (1) swept는 sweep의 과거형이다. sweep은 '쓸다, 털다'라는 뜻이므로, weep(울다, 눈물을 흘리다)의 과거형인 wept로 고쳐 써야 한다.
(2) omit은 '빠뜨리다, 생략하다'라는 뜻이므로, commit(저지르다, 범하다)의 과거형인 committed로 고쳐 써야 한다.

확인 문제 3-2
해석 (1) <u>수출하다</u>: 상품을 판매하여 다른 나라로 보내다
(2) 안도, 안심: 안 좋은 상황이 끝난 후에 가지는 편안한 느낌
(3) <u>고려, 숙고</u>: 어떤 일에 대해 신중히 생각하는 행동

필수 예제 4	(1) pursue (2) punishment (3) attractive (4) adapt (5) include (6) pretend
확인 문제 4-1	(1) ○ (2) ×
확인 문제 4-2	(1) (a)dopt (2) (p)unish (3) (a)ttract

확인 문제 4-1
해설 (1) chase: 뒤쫓다, 추적하다
(2) intend는 '~할 작정이다'라는 뜻이므로, pretend(~인 척하다)의 과거형인 pretended로 고쳐 써야 한다.

확인 문제 4-2
해석 (1) <u>입양하다</u>: 법적으로 다른 부모의 아이를 자신의 아이로 받아들이다
(2) 처벌하다, 벌주다: 누군가가 잘못을 저질렀기 때문에 그 사람이 고통받게 하다
(3) 끌다, 끌어들이다: 누군가가 와서 무언가에 참여하고 싶어 하도록 만들다

1주 3일 필수 체크 전략 ❷ pp. 24~25

1 ③ **2** attracting **3** ④ **4** ② **5** include

1 해설 ③은 명사, 나머지는 모두 동사이다.

해석 ① 적응하다; 각색하다
② 처벌하다, 벌주다
③ 안도, 안심
④ 제외하다, 배제하다
⑤ 고려하다, 숙고하다

2 해설 그림에서 연주자는 사람들의 주목을 끌고 있으므로 attracting이 알맞다. include는 '포함하다'라는 뜻이다.

해석 그 바이올리니스트는 뛰어난 연주로 주목을 끌고 있다.

3 해설 ④ harm은 '손상시키다, 해를 끼치다'라는 의미로 damage와 의미가 가장 유사하다.

해석 바다에 있는 플라스틱 쓰레기는 해양 생물에게 해를 끼칠 수 있다.
① 적응하다; 각색하다
② 완화하다, 덜어 주다
③ 수출하다
④ 손상을 주다, 손상시키다
⑤ 뒤쫓다; 추구하다

4 해설 pretend는 '~인 척하다'라는 의미의 동사이다.

5 해설 밑줄 친 단어 뒤에 여러 구기 종목들을 나열하고 있으므로 exclude(제외하다, 배제하다)를 include(포함하다)로 고쳐야 한다.

해석 〈보기〉 수입하다 / 포함하다, 포함시키다 / 저지르다, 범하다 / 쓸다, 털다
구기 종목은 축구, 야구, 농구, 테니스 등을 제외한다(→ 포함한다).

1주 4일 교과서 대표 전략 ❶ pp. 26~29

1 (1) damage (2) import 2 ③ 3 ④ 4 ③
5 ③ 6 ④ 7 ④ 8 ① 9 ② 10 ③ 11 ④
12 ①, ④ 13 (r)uin 14 (1) reflect (2) influence
15 ② 16 ④

1 해설 (1) hire와 employ는 모두 '고용하다'라는 뜻을 가진 유의어이므로, 빈칸에는 harm의 유의어인 damage가 알맞다.
(2) obey와 disobey는 반의어 관계이므로, 빈칸에는 export의 반의어인 import가 알맞다.

해석 (1) 고용하다 / 손상시키다
(2) 수출하다; 수출 : 수입하다; 수입 = 따르다, 복종하다 : 불복종하다, 거역하다

2 해설 ③은 동사 – 형용사 관계이고, 〈보기〉와 나머지는 모두 동사 – 명사 관계이다.

해석 〈보기〉 돕다, 보조하다 – 도움, 원조, 지원
① 완화하다, 덜어 주다 – 안도, 안심
② 선출하다 – 선거; 당선
③ 끌다, 끌어들이다 – 매력적인
④ 비추다; 반영하다 – 상; 반영
⑤ 처벌하다, 벌주다 – 처벌, 벌

3 해설 영영 풀이에 해당하는 단어는 ④ defend이다.

해석 누군가나 무언가를 공격이나 위험으로부터 보호하다
① 이동하다, 옮기다
② 끌다, 끌어들이다
③ 고려하다, 숙고하다
④ 방어하다, 수비하다
⑤ 삽화를 넣다; (예를 들어) 설명하다

4 해설 빗자루로 바닥을 쓰는 동작으로, 이에 해당하는 단어는 sweep이고, 영영 풀이는 '비질하여 먼지, 쓰레기 등을 치우다'라는 의미가 되어야 한다. 따라서 빈칸에는 brushing이 알맞다.

해석 비질하여 먼지, 쓰레기 등을 없애서 바닥이나 표면을 청소하다
① 먹이를 주어
② 달려
③ 비질을 하여
④ 붙어
⑤ 끌어들여

5 해설 '대신하다'라는 의미를 가진 동사는 replace이다.

해석 ① 발생하다, 일어나다
② 자백하다; 인정하다
③ 대신하다, 대체하다
④ 손상을 주다, 손상시키다
⑤ 증가하다, 늘다

6 해설 그림에서 구급차가 환자를 수송하고 있으므로 빈칸에는 ④ transporting이 알맞다.

해석 이 구급차는 병원으로 환자를 수송하고 있다.
① 적응하는
② 비추는

③ 고려하는
④ 수송하는
⑤ 결정하는

7 **해설** ④ import는 '수입하다'라는 뜻을 가진 동사이다.

해석 ① 당신의 친절한 말씀 고맙습니다.
② 그는 의지할 사람이 없다.
③ 그 가격은 모든 음식과 음료를 포함한다.
④ 한국은 그 나라로부터 해산물을 수입한다.
⑤ 그 소년은 Jenny의 친구로 확인되었다.

8 **해설** ①은 도둑이 경찰을 '뒤쫓고' 숨었다는 내용으로, 의미가 부자연스럽다.

해석 ① 그 도둑은 경찰을 뒤쫓고 숨었다.
② 나는 한 집단의 지도자로 선출되었다.
③ 조리법에서 설탕을 생략해도 된다.
④ 그 부부는 사랑스러운 소녀를 입양하기로 결정했다.
⑤ 그 나라의 인구는 감소하고 있다.

9 **해설** 문맥상 연락처가 없어서 '연락할' 수 없다는 내용이 되어야 한다. 따라서 빈칸에는 ② contact가 알맞다.

해석 나에게 그의 전화번호나 이메일 주소가 없어서 나는 그에게 연락할 수 없다.
① (신원 등을) 확인하다, 알아보다
② 연락하다
③ 저지르다, 범하다
④ ~인 척하다
⑤ 삽화를 넣다; (예를 들어) 설명하다

10 **해설** 첫 번째 문장은 문맥상 새 학교에 '적응하다'라는 의미가 되어야 하고, 두 번째 문장은 소설을 영화로 '각색하다'라는 의미가 되어야 한다. 따라서 빈칸에는 두 의미를 모두 가진 adapt가 알맞다.

해석 나는 새 학교에 적응하려고 노력하고 있다.
그 감독은 이 소설을 영화로 각색할 것이다.
① 고용하다
② 망치다, 파괴하다
③ 적응하다; 각색하다
④ 연장하다; (팔 등을) 뻗다
⑤ 완화하다, 덜어 주다

11 **해설** 영영 풀이에 해당하는 단어는 intend(의도하다, ~할 작정이다)이다.

해석 계획이나 목적으로 무언가를 염두에 두다
① 그들은 자동차의 속도를 측정했다.
② 그는 벽에 포스터를 붙였다.
③ 그녀는 목걸이를 훔쳤기 때문에 처벌받았다.
④ 그녀는 그에게서 이 비밀을 지킬 작정이었다.
⑤ 그는 항상 우리가 정직해야 한다고 강조한다.

12 **해설** 자전거를 수리하고 있는 그림이므로 문장의 빈칸에는 '수리하다, 고치다'라는 의미의 fix 또는 repair가 알맞다.

해석 나는 나의 형이 자랑스럽다. 그는 내 자전거를 고칠 수 있다.
①, ④ 수리하다, 고치다
② 선출하다
③ 돕다, 보조하다
⑤ (액체 등을) 짜다, 짜내다

13 **해설** 첫 문장은 넘어져서 바지가 '엉망이 되었다'는 의미가, 두 번째 문장은 폭풍이 농작물을 '망쳤다'라는 의미가 되어야 하므로 빈칸에는 ruin(망치다, 파괴하다)이 들어가야 한다.

해석 나는 넘어져서 바지가 진흙에 엉망이 되었다.
폭풍이 농장을 덮쳤고 그것이 농작물을 망쳤다.

14 **해설** (1) 문맥상 호수가 나무를 '비추었다'라는 의미가 자연스러우므로 빈칸에는 reflect가 알맞다.
(2) 아들이 훌륭한 선수가 되도록 '영향을 주었다'라는 의미가 자연스러우므로 빈칸에는 influence가 알맞다.

해석 〈보기〉 영향을 주다 / (거울 등에 상을) 비추다 / 연장하다; (팔 등을) 뻗다 / 손상을 주다, 손상시키다
(1) 그 호수는 주변의 나무들을 비추었다.
(2) 이 씨는 그의 아들이 훌륭한 축구 선수가 되도록 영향을 주었다.

15 **해설** hire는 '고용하다'라는 의미로 ② employ로 바꾸어 쓸 수 있다.

해석 그 학교는 영어 교사와 수학 교사를 고용할 것이다.
① 돕다, 보조하다
② 고용하다

③ (신원 등을) 확인하다, 알아보다
④ 불복종하다, 거역하다
⑤ 감소하다, 줄다

16 해설 청소를 좋아하는 이유로 '스트레스를 완화하는 데 도움이
된다'라는 의미가 적절하므로 빈칸에는 ④ relieve가 알맞다.

해석 A: 너는 왜 청소를 좋아하니?
B: 청소는 스트레스를 완화하는 데 도움을 주기 때문에 나는
청소를 좋아해.
① 뒤쫓다; 추구하다
② 끌다, 끌어들이다
③ 포함하다, 포함시키다
④ 완화하다, 덜어 주다
⑤ 고려하다, 숙고하다

1주 4일 교과서 대표 전략 ❷   pp. 30~31

1 ⑤   2 ②   3 ⑤   4 (1) identify   (2) commit
(3) influence   5 ①   6 ③

1 해설 영영 풀이에 해당하는 단어는 ⑤ replace이다.

해석 다른 어떤 것 대신 사용되다; 다른 어떤 사람 대신 행동
하다
① 따르다, 복종하다
② 붙이다, 첨부하다
③ 적응하다; 각색하다
④ (거울 등에 상을) 비추다; 반영하다
⑤ 대신(대체)하다; 교체하다

2 해설 영영 풀이에 해당하는 단어는 ② extend이다.

해석 더 오랜 기간 동안 계속하거나 무언가를 더 오래 지속하
게 하다
① 수리하다, 고치다
② 연장하다
③ 연락하다
④ 손상을 주다, 손상시키다
⑤ (신원 등을) 확인하다, 알아보다

3 해설 pretend는 '~인 척하다'라는 뜻으로, 이에 해당하는 영

영 풀이는 ⑤이다.

해석 그 소년은 선생님 말씀을 듣는 척했다.
① 매우 슬퍼서 울다(weep)
② 어떤 일을 하도록 누군가를 돕다(assist)
③ 어떤 물건을 다른 물건에 연결하거나 고정시키다(attach)
④ 물체를 눌러 액체를 빼내다(squeeze)
⑤ 무언가가 사실이 아닐 때 마치 사실인 것처럼 행동하다
(pretend)

4 해설 (1) '(신원 등을) 확인하다, 알아보다'라는 의미를 가진
동사는 identify이다.
(2) '저지르다, 범하다'라는 의미를 가진 동사는 commit이다.
(3) '영향을 주다'라는 의미를 가진 동사는 influence이다.

5 해설 ①은 유의어 관계이고, 나머지는 모두 반의어 관계이다.

해석 ① 고용하다 – 고용하다
② 따르다, 복종하다 – 불복종하다, 거역하다
③ 수출하다; 수출 – 수입하다; 수입
④ 포함하다, 포함시키다 – 제외하다, 배제하다
⑤ 증가하다, 늘다 – 감소하다, 줄다

6 해설 사람들에게 자신이 생각하는 바를 너무 강하게 말하는
경향이 있으니 다른 사람들의 감정을 '고려하도록' 노력하라
는 의미가 되어야 하므로, 빈칸에는 ③ consider가 알맞다.

해석 A: 너 속상해 보여. 무슨 일 있니?
B: 사람들이 자꾸 내가 너무 직설적이라고 말해. 난 그것 때문
에 화가 나.
A: 흠…. 그들이 뭘 말하는지 조금은 알 것 같아.
B: 그게 무슨 말이니?
A: 음, 때때로 너는 네가 생각하는 바를 너무 강하게 말하는
경향이 있어.
B: 그러면 내가 그냥 조용히 있어야 하는 거니?
A: 내 말은 그런 뜻이 아니야. 너는 다른 사람들의 감정을 고
려하도록 노력할 수 있어.
B: 알겠어. 그렇게 해 볼게.
① 무시하다
② 연락하다
③ 고려하다, 숙고하다
④ 측정하다, 재다
⑤ 강조하다

1주 **누구나 합격 전략** — pp. 32~33

1 ①　2 ⑤　3 ④　4 (1) intend　(2) pretend　5 ③
6 included　7 ④

1 **해설** '무시하다'라는 의미를 가진 동사는 ① ignore이다.

　해석 ① 무시하다
② 완화하다, 덜어 주다
③ 감소하다, 줄다
④ 강조하다
⑤ 고마워하다; 진가를 알아보다

2 **해설** ⑤는 형용사이고, 나머지는 모두 동사이다.

　해석 ① 빠뜨리다, 생략하다
② 흡수하다, 빨아들이다
③ 의존하다, 의지하다
④ 결정하다; 결심하다
⑤ 적절한, 적합한

3 **해설** 영영 풀이에 해당하는 단어는 measure(측정하다, 재다)이다.

　해석 어떤 것의 크기, 길이, 또는 양을 알아내다
① 내가 "앉아!"라고 말했고, 나의 개는 내 말에 복종했다.
② 그 아이는 나비를 보고 그것을 뒤쫓았다.
③ 그 소년은 자신에게 죄가 있음을 자백했다.
④ 당신은 그 건물의 높이를 측정할 수 있나요?
⑤ 그녀는 한국에 더 오래 체류하기 위해 비자를 연장했다.

4 **해설** (1) 우리말 '~할 작정이다'는 intend로 나타낸다.
(2) 우리말 '~인 척하다'는 pretend로 나타낸다.

　해석 〈보기〉 ~인 척하다 / 증가하다, 늘다 / 의도하다, ~할 작정이다

5 **해설** ③ replace는 '대신(대체)하다; 교체하다'라는 뜻이다. '반영하다'라는 뜻을 가진 단어는 reflect이다.

6 **해설** 타임캡슐에 농구화 한 켤레와 가장 좋아하는 책을 '포함시켰다'라는 의미가 되어야 하므로 included가 알맞다.

exclude는 '제외하다, 배제하다'라는 뜻이다.

　해석 미래의 지훈이에게
어떻게 지내니? 너는 이제 작가구나, 그렇지 않니?
나는 너를 위해 타임캡슐에 두 가지를 포함시켰어. 첫 번째는 농구화 한 켤레야. 그것은 내가 농구 동아리에서 많은 친구들을 사귈 수 있도록 도와주었어. 나머지 다른 것은 내가 가장 좋아하는 책이야. 나는 그것을 읽은 후에 작가가 되고 싶었어. 이런 것들이 너의 중학교 시절의 행복한 기억을 되살리기를 바란다.
지훈이가

7 **해설** 문맥상 공고문의 내용이 '궁금해서' 더 빨리 달렸다는 내용이 자연스러우므로 빈칸에는 ④ wonder가 알맞다.

　해석 날씨는 무척 포근하고 사랑스러웠으며 길가의 들판에서는 달콤하고 매력적인 향기가 났다. 잠깐 나는 학교에 가지 않고 들판을 거닐까 생각했다. 하지만 나는 최대한 빨리 학교로 달려갔다.
시장의 집무실을 지나면서 나는 사람들이 게시판에 붙어 있는 공고문을 읽고 있는 것을 보았다. 지난 2년 동안 모든 나쁜 소식은 저 게시판에서 나왔다. 나는 "이번에는 뭐지?"라는 궁금증이 들었다. 나는 더욱 빨리 달렸다.
① 울다, 눈물을 흘리다
② 붙이다, 첨부하다
③ 고려하다, 숙고하다
④ 궁금하다, 궁금해하다
⑤ 손상을 주다, 손상시키다

1주 **창의·융합·코딩 전략 ❶** — pp. 34~35

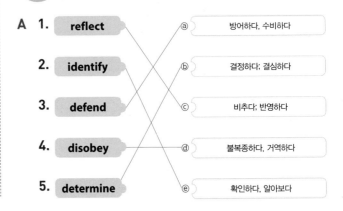

A 1. reflect　　ⓐ 방어하다, 수비하다
　2. identify　　ⓑ 결정하다; 결심하다
　3. defend　　ⓒ 비추다; 반영하다
　4. disobey　　ⓓ 불복종하다, 거역하다
　5. determine　　ⓔ 확인하다, 알아보다

B 1. 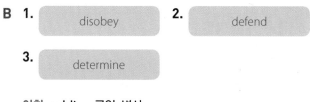 disobey   2. defend

3. determine

어휘 soldier 군인, 병사

C

감소하다, 줄다	무시하다	수송하다, 운송하다
decrease	ignore	transport

고마워하다	완화하다, 덜어 주다	저지르다, 범하다
appreciate	relieve	commit

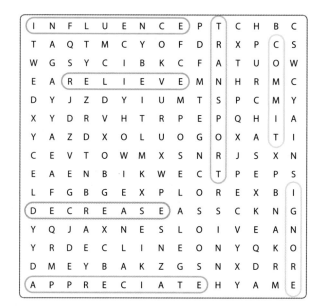

```
I N F L U E N C E P T C H B C
T A Q T M C Y O F D R X P C S
W G S Y C I B K C F A T U O W
E A R E L I E V E M N H R M C
D Y J Z D Y I U M T S P C M Y
X Y D R V H T R P E P Q H I A
Y A Z D X O L U O G O X A T I
C E V T O W M X S N R J S X N
E A E N B I K W E C T P E P S
L F G B G E X P L O R E X B I
D E C R E A S E A S S C K N G
Y Q J A X N E S L O I V E A N
Y R D E C L I N E O N Y Q K O
D M E Y B A K Z G S N X D R R
A P P R E C I A T E H Y A M E
```

5. assist : 돕다, 보조하다

6. include : 포함하다, 포함시키다

E 1. 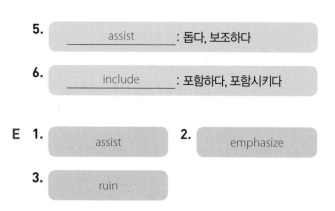 assist   2. emphasize

3. ruin

어휘 value 가치

F

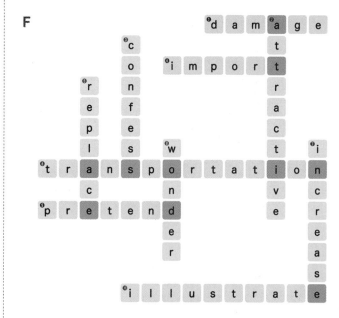

해석 [Across]
❶ 수리하다, 고치다 / 손상시키다
❹ 판매를 위해 외국에서 한 나라로 제품을 들여오다 → 수입하다

[Down]
❻ 호기심을 느끼고 무언가에 대해 알고 싶어 하다 → 궁금하다, 궁금해하다
❼ 따르다, 복종하다 : 불복종하다, 거역하다 = 증가하다, 늘다 : 감소하다, 줄다

1주 **창의·융합·코딩 전략 ❷**   pp. 36~37

D 1. sweep : 쓸다, 털다

2. emphasize : 강조하다

3. ruin : 망치다, 파괴하다

4. shift : 이동하다, 옮기다

2주 명사

해석 ❶ 이 벽은 성의 **방어**를 위해 지어졌어요.

해석 ❷ 그들은 세계적인 **유명 인사**들이야!

해석 ❸ 서울과 뉴욕 사이에는 **시차**가 커요.

해석 ❹ Dave가 **허락** 없이 제 초콜릿을 먹었어요!

2주 1일 개념 돌파 전략 ❶ pp. 40~43

1-1 debate
1-2 (1) border (2) colony (3) surface
2-1 destination
2-2 (1) insight (2) mission (3) benefit
3-1 panic
3-2 (1) revolution (2) scholar (3) atmosphere
4-1 compliment
4-2 (1) advance (2) occasion (3) emergency

2주 1일 개념 돌파 전략 ❷ pp. 44~45

A 1. 칭찬, 찬사
  2. 목적지, 도착지
  3. (특정한) 때, 경우
  4. 군락, 군집; 식민지
  5. 통찰(력), 식견
  6. 혜택, 이득
  7. 진보, 발전; 진보(발전)하다
  8. 극심한 공포, 공황
  9. 국경, 경계
  10. 학자
  11. 혁명; 변혁
  12. 대기; 분위기
  13. 비상사태, 긴급 상황
  14. 토론, 토의; 토론하다
  15. 임무, 사명
  16. 표면

B 1. occasion 2. revolution 3. mission
  4. advance 5. scholar 6. colony
  7. atmosphere 8. border 9. destination
  10. debate 11. emergency 12. insight
  13. compliment 14. surface 15. panic
  16. benefit

C 1. ③ 2. ① 3. ③

D 1. ② 2. ② 3. ①

C 해석 1. 비상 출구는 비행기의 양쪽에 있다.

① 극심한 공포, 공황

② 혜택, 이득

③ 비상사태, 긴급 상황

2. 나이아가라 폭포는 미국과 캐나다 사이의 국경에 위치해 있다.

① 국경, 경계

② (특정한) 때, 경우

③ 목적지, 도착지

3. 다량의 온실가스가 대기 중으로 방출되었다.

① 통찰(력), 식견

② 진보, 발전

③ 대기; 분위기

D 해석 1. 어떤 것의 맨 위층 또는 바깥쪽

① 토론, 토의

② 표면

③ 혁명; 변혁

2. 함께 사는 같은 종류의 동식물 집단

① 학자

② 군락, 군집

③ 혜택, 이득

3. 개인이나 집단의 사람들에게 주어진 중요한 과업 또는 일

① 임무, 사명

② 목적지, 도착지

③ 칭찬, 찬사

2주 2일 필수 체크 전략 ❶

pp. 46~49

필수 예제 1	(1) remark (2) progress (3) similarity (4) architecture (5) logical
확인 문제 1-1	(1) × (2) ○
확인 문제 1-2	(1) (a)rchitect (2) (d)ifference (3) (c)omment

확인 문제 1-1

해설 (1) process는 '과정'이라는 뜻이므로 progress(발전, 진전)로 고쳐야 한다.

(2) profession: 직업

확인 문제 1-2

해석 (1) 건축가: 건물을 설계하는 일을 하는 사람

(2) 차이; 차이점: 한 사람이나 사물을 다른 사람이나 사물과 다르게 만드는 점

(3) 논평, 의견: 누군가 또는 무언가에 대해 표현하는 의견

필수 예제 2	(1) landscape (2) defense (3) contrast (4) chemistry (5) permission
확인 문제 2-1	(1) ○ (2) ×
확인 문제 2-2	(1) (p)ermission (2) (a)ttack (3) (c)ontract

확인 문제 2-1

해설 (1) chemical: 화학의, 화학적인

(2) 우리말이 '요약해'이므로 permit(허용하다, 허락하다)을 summarize(요약하다)로 고쳐야 한다.

확인 문제 2-2

해석 (1) 허락, 허가: 누군가가 무언가를 하도록 허락하는 행위

(2) 공격: 사람을 해치거나 장소를 손상시키려는 폭력 행위

(3) 계약, 계약서: 사람이나 회사 간의 법적 계약

2주 2일 필수 체크 전략 ❷

pp. 50~51

1 ① **2** architect **3** ② **4** ③ **5** similarities

1 해설 ①은 형용사, 나머지는 모두 명사이다.

해석 ① 논리적인; 타당한

② 과정

③ 유사성; 유사점

④ 요약, 개요

⑤ 허락, 허가

2 해설 설계도를 그리고 있는 사람은 architect(건축가)이다. architecture는 '건축학; 건축 양식'이라는 뜻이다.

해석 건축가가 집의 설계도를 그리고 있다.

3 해설 명사 comment는 '논평'이라는 뜻으로 ② remark와

의미가 가장 유사하다.

해석 많은 사람들이 그 영화가 실망스럽다고 <u>논평</u>했다.
① 논리
② 논평, 발언
③ 직업
④ 풍경, 경치
⑤ 차이; 차이점

4 **해설** contract는 '계약'이라는 뜻의 명사이다.
① 과정: process
② 진전: progress
③ 계약: contract
④ 공격: attack
⑤ 방어: defense

5 **해설** 엄마와 딸의 외모가 비슷하므로 summaries(요약, 개요)를 similarities(유사점)로 고치는 것이 자연스럽다.

해석 〈보기〉 공격 / 유사점 / 과정 / 풍경, 경치
Jenny와 그녀의 엄마 사이에는 몇 가지 <u>요약</u>(→ 유사점)이 있다.

2주 3일 필수 체크 전략 ❶
pp. 52~55

필수 예제 3	(1) destiny (2) profit (3) heritage (4) intelligent
확인 문제 3-1	(1) ○ (2) ○
확인 문제 3-2	(1) (h)esitate (2) (l)iterature (3) (i)ntelligence

〔 확인 문제 3-1 〕
해설 (1) destiny: 운명, 숙명
(2) loss: 손실, 손해; 상실

〔 확인 문제 3-2 〕
해석 (1) <u>망설이다, 주저하다</u>: 확신이 없어서 무언가를 하기 전에 잠시 멈추다
(2) <u>문학</u>: 예술작품으로서 가치가 있는 글
(3) <u>지능</u>: 무언가를 배우거나 이해하는 능력

필수 예제 4	(1) opportunity (2) order (3) reward (4) celebrate (5) private
확인 문제 4-1	(1) ○ (2) ×
확인 문제 4-2	(1) (o)rder (2) (a)ward (3) (n)ervous

〔 확인 문제 4-1 〕
해설 (1) privacy: 사생활
(2) 우리말이 '유명 인사들'이므로 '기념하다, 축하하다'라는 뜻의 동사 celebrates를 celebrities로 고쳐야 한다.

〔 확인 문제 4-2 〕
해석 (1) <u>정돈</u>: 정리되어 있고 적절한 상태
(2) <u>상</u>: 누군가가 한 일에 대한 상
(3) <u>불안해하는, 초조해하는</u>: 걱정하고, 불안해하고, 약간 두려워하는

2주 3일 필수 체크 전략 ❷
pp. 56~57

1 ④ **2** celebrate **3** ⑤ **4** ⑤ **5** Heritage

1 **해설** ④는 형용사, 나머지는 모두 명사이다.

해석 ① 운명, 숙명
② 상
③ 사생활
④ 문학의
⑤ 경제

2 **해설** 크리스마스트리를 장식하면서 크리스마스를 기념하고 있으므로 celebrate(기념하다)가 알맞다. hesitate는 '망설이다, 주저하다'라는 뜻이다.

해석 우리는 크리스마스트리를 장식하면서 크리스마스를 <u>기념한다</u>.

3 **해설** 문장에서 chance는 '기회'라는 뜻으로 사용되었으므로 ⑤ opportunity와 의미가 같다.

해석 그녀는 변화를 두려워하지 않고 그것을 새로운 것을 배울 <u>기회</u>로 이용했다.
① 보상

② 운명, 숙명
③ 어수선함; 무질서
④ 문학
⑤ 기회

4 **해설** 우리말 '정돈'은 order로 나타낸다.

해석 ① fate: 운명, 숙명
② loss: 손실, 손해; 상실
③ nerve: 신경
④ chance: 기회; 가능성
⑤ order: 정돈

5 **해설** 유네스코 세계 문화유산에 관한 내용이므로 Economy (경제)를 Heritage((문화)유산)로 고치는 것이 자연스럽다.

해석 〈보기〉 지능; 지성 / 사생활 / 운명, 숙명 / (문화)유산
창덕궁은 1997년에 유네스코 세계 문화경제(→ 유산)로 지정되었다.

2주 4일 교과서 대표 전략 ❶   pp. 58~61

1 (1) nervous (2) disorder 2 ④ 3 ⑤ 4 ③
5 ②, ⑤ 6 ③ 7 ② 8 ⑤ 9 ④ 10 (c)olony
11 ⑤ 12 ② 13 ④ 14 (1) permission
(2) similarity 15 ④ 16 ②

1 **해설** (1) logic과 logical은 명사와 형용사인 파생어 관계이므로 빈칸에는 nerve의 형용사 파생어인 nervous가 알맞다.
(2) defense와 attack은 반의어 관계이므로, 빈칸에는 order의 반의어인 disorder가 알맞다.

해석 (1) 논리 : 논리적인; 타당한 = 신경 : 불안해하는, 초조해하는
(2) 어수선함; 무질서 : 정돈; 질서 = 방어, 보호 : 공격

2 **해설** 〈보기〉와 ④는 명사-동사인 파생어 관계이다. ①, ③은 유의어 관계, ②는 명사-형용사인 파생어 관계, ⑤는 반의어 관계이다.

해석 〈보기〉 요약, 개요 - 요약하다

① 운명, 숙명
② 사생활 - 사적인, 개인적인
③ 논평
④ 유명 인사 - 기념하다, 축하하다
⑤ 차이; 차이점 - 유사성; 유사점

3 **해설** 영영 풀이에 해당하는 단어는 ⑤ compliment이다.

해석 누군가 또는 무언가의 좋은 점에 대해 칭찬을 표현하는 말
① 국경, 경계
② 기회; 가능성
③ 발전, 진전
④ (특정한) 때, 경우
⑤ 칭찬, 찬사

4 **해설** 매출(Sales)에서 비용(Costs)을 뺀 것은 profit(수익, 이익)이므로, 빈칸에는 '팔아서'라는 의미인 ③ selling이 들어가야 한다.

해석 당신이 물건을 팔아서 비용을 지불한 후에 버는 돈
① 사서 ② 주어서 ③ 팔아서 ④ 만들어서 ⑤ 얻어서

5 **해설** 우리말 '기회'는 opportunity나 chance로 나타낼 수 있다.

해석 ① 토론, 토의 ② 기회; 가능성 ③ 차이, 대조 ④ 발전, 진전 ⑤ 기회

6 **해설** 그림의 두 사람은 화학 실험 중이므로 빈칸에는 ③ chemical이 들어가야 한다.

해석 그녀는 짝과 함께 화학 실험을 하고 있다.
① 논리적인; 타당한
② 문학의
③ 화학의, 화학적인
④ 진보, 발전; 진보(발전)하다
⑤ 경제의

7 **해설** ② destination의 뜻은 '목적지, 도착지'이다.

해석 ① 진수는 매우 똑똑한 학생이다.
② 다음 목적지가 어디니, Chris?
③ 공격 소식은 공황을 일으켰다.
④ 그들 사이에 큰 차이점이 있다.
⑤ 그는 딸에게 시험 합격에 대한 보상을 주었다.

8 해설 ⑤ architecture는 '건축학'이라는 뜻으로, '꿈이 건축학이 되는 것'이라는 의미는 어색하다. 따라서 architecture를 architect(건축가)로 고쳐야 한다.

해석 ① 그가 하는 말에는 논리가 없다.
② 전 과정을 세 번 반복해라.
③ 우리는 그 지역을 탐험하는 임무를 띠고 있었다.
④ 그 학자는 자기 분야에 대한 지식이 많다.
⑤ 내 꿈은 아버지처럼 건축학(→ 건축가)이 되는 것이다.

9 해설 문맥상 '계약'을 맺고 근무하기 시작했다는 의미가 적절하므로 빈칸에는 ④ contract가 알맞다.

해석 나는 그 회사와 계약을 맺고 그곳에서 근무하기 시작했다.
① 국경, 경계
② 운명, 숙명
③ 차이, 대조
④ 계약, 계약서
⑤ (전문적인) 직업

10 해설 첫 번째 문장은 벌들이 '군집'을 이루어 산다는 의미가 되어야 하고, 두 번째 문장은 영국의 '식민지'였다는 의미가 되어야 한다. 따라서 빈칸에는 colony가 들어가야 한다.

해석 벌은 군집을 이루어 함께 산다.
인도는 19세기에 영국의 식민지였다.

11 해설 영영 풀이에 해당하는 단어는 atmosphere(대기)이다.

해석 지구 주위의 공기나 다른 가스 층
① 그녀의 무례한 발언이 그를 화나게 했다.
② 그들은 동물 실험에 대한 토론을 열었다.
③ 상품을 사는 것은 경제 활동이다.
④ 제가 당신을 위해 뉴스 기사를 요약해 드리겠습니다.
⑤ 대기 중의 이산화탄소 수치가 상승하고 있다.

12 해설 그림에서 여자는 상을 받고 기뻐하고 있으므로 빈칸에는 ② Award가 들어가야 한다.

해석 그녀는 아카데미 상을 받을 만큼 연기를 잘했다.
① 신경
② 상
③ 진보, 발전
④ 방어, 보호

⑤ 기회

13 해설 첫 번째 문장은 무료 쿠폰과 같은 '혜택'이라는 의미가, 두 번째 문장은 지역에 많은 '혜택'을 가져다주었다는 의미가 되어야 한다. 따라서 빈칸에는 ④ benefit이 들어가야 한다.

해석 우리는 회원들에게 무료 쿠폰과 같은 혜택을 제공한다. 그 새 도로는 그 지역에 많은 혜택을 가져다주었다.
① 극심한 공포, 공황
② 통찰(력), 식견
③ 표면
④ 혜택, 이득
⑤ (문화)유산, 전통

14 해설 (1) 문맥상 '허락' 없이 내 옷을 입었다는 의미가 적절하므로 빈칸에는 permission이 들어가야 한다.
(2) 문맥상 너와 네 아버지 사이의 '유사성'이라는 의미가 되어야 적절하므로 빈칸에는 similarity가 들어가야 한다.

해석 〈보기〉 유사성; 유사점 / 허락, 허가 / 손실, 손해; 상실 / 비상사태, 긴급 상황
(1) 내 여동생이 허락 없이 내 옷을 입었다.
(2) 나는 너와 네 아버지 사이의 유사성을 발견했다.

15 해설 scenery는 '풍경, 경치'라는 의미로 ④ landscape로 바꾸어 쓸 수 있다.

해석 풍경은 아름다웠고 호텔 직원은 친절했다.
① 국경, 경계
② 사생활
③ 요약, 개요
④ 풍경, 경치
⑤ 혁명; 변혁

16 해설 그림에서 소녀가 어느 길로 가야 할지 몰라 '망설이고' 있으므로 빈칸에는 ② hesitating이 알맞다.

해석 A: 왜 망설이고 있니?
B: 음, 어느 길로 가야 할지 확신이 서지 않기 때문이야.
① 문학의
② 망설이는
③ 지적인, 똑똑한
④ 허락하는
⑤ 직업의, 전문적인

1 ⑤　**2** ①　**3** ④　**4** (1) surface　(2) destination (3) architect　**5** ③　**6** ③

1 해설　영영 풀이에 해당하는 단어는 ⑤ summary이다.

해석　글, 담화 등에서 축약된 주요 정보
① 상
② 논평, 발언
③ 통찰(력), 식견
④ 유명 인사
⑤ 요약, 개요

2 해설　영영 풀이에 해당하는 단어는 ① panic이다.

해석　당신이 분명하거나 침착하게 생각할 수 없게 만드는 갑작스러운 두려움 또는 걱정
① 극심한 공포, 공황
② 신경
③ 임무, 사명
④ 과정
⑤ 진보, 발전

3 해설　reward는 '보상'이라는 뜻으로, 이에 해당하는 영영 풀이는 ④이다.

해석　울음을 그쳐서 그는 딸에게 보상을 주었다.
① 유명한 사람(celebrity)
② 두 나라 사이를 나누는 경계선(border)
③ 어떤 일이 일어나는 특정한 때(occasion)
④ 당신이 한 일에 대해 주어지는 좋은 것(reward)
⑤ 특별한 교육, 훈련 또는 기술을 필요로 하는 종류의 직업(profession)

4 해설　(1) '표면'이라는 의미를 가진 명사는 surface이다.
(2) '목적지'라는 의미를 가진 명사는 destination이다.
(3) '건축가'라는 의미를 가진 명사는 architect이다.

5 해설　③은 명사-동사인 파생어 관계이고, 나머지는 모두 명사-형용사인 파생어 관계이다.

해석　① 논리 - 논리적인; 타당한
② 신경 - 불안해하는, 초조해하는
③ 허락, 허가 - 허용하다, 허락하다
④ 경제 - 경제의
⑤ 지능; 지성 - 지적인, 똑똑한

6 해설　시를 쓰고 문학 잡지를 만들었다는 내용을 통해 동주가 가장 좋아한 것은 ③ literature임을 알 수 있다.

해석　동주는 1917년에 중국 연변 근처에서 태어났다. 어린 소년이었을 때, 그는 운동을 좋아했고 학교의 축구 선수였다. 그는 또한 바느질하는 것을 무척 좋아해서 모든 친구들의 축구 유니폼에 번호를 바느질해 주기도 했다. 그러나 그가 가장 사랑한 것은 문학이었다. 초등학교 때 그는 많은 시를 썼다. 그는 심지어 사촌 송몽규와 문학 잡지를 만들기도 했다.
① (문화)유산, 전통
② 유사성; 유사점
③ 문학
④ 화학
⑤ (전문적인) 직업

1 ③　**2** ④　**3** ③　**4** (1) profit　(2) advance　**5** ②
6 permission　**7** ②

1 해설　'경치'라는 의미를 가진 명사는 ③ scenery이다.

해석　① 정돈; 질서
② 통찰(력), 식견
③ 풍경, 경치
④ 화학의, 화학적인; 화학물질
⑤ 지능; 지성

2 해설　ⓑ, ⓔ, ⓕ는 모두 명사이고, ⓐ, ⓒ는 형용사, ⓓ는 동사이다.

해석　ⓐ 사적인, 개인적인 ⓑ 방어, 보호 ⓒ 불안해하는, 초조해하는 ⓓ 기념하다, 축하하다 ⓔ 요약, 개요 ⓕ 목적지, 도착지

3 해설　영영 풀이에 해당하는 단어는 ③ progress(발전, 진전)이다.

해석 무언가를 더 잘하게 되는 과정, 또는 무언가를 끝내거나 성취하는 것에 더 가까워지는 과정

① 그녀는 지능 검사에서 162점을 받았다.
② 그는 방문객들이 사진 찍는 것을 허용하지 않았다.
③ 그는 그 문제를 해결하는 데 진전을 이루었다.
④ 네가 위험에 빠지면, 이 비상 버튼을 눌러라.
⑤ 왕은 혁명의 위협이 있다는 것을 알았다.

4 해설 (1) 우리말 '수익'은 profit으로 나타낸다.
(2) 우리말 '발전'은 advance로 나타낸다.

해석 〈보기〉 수익, 이익 / (특정한) 때, 경우 / 진보, 발전

5 해설 ② contract는 '계약, 계약서'라는 뜻이다. '차이, 대조'라는 뜻을 가진 단어는 contrast이다.

6 해설 문맥상 Mary Jackson이 판사에게 백인 학교에 다니게 해 달라고 '허락'을 요청했다는 의미가 되어야 하므로 permission이 알맞다. compliment는 '칭찬, 찬사'라는 뜻이다.

해석 Mary Jackson은 셋 중에 내가 가장 좋아했던 인물이었다. 그녀는 로켓 과학에 대해 더 많이 배우고 싶었지만, 백인 학교에 다니는 것이 허락되지 않았다. 그래서 그녀는 판사에게 허락해 달라고 요청했다.

7 해설 뇌에서 생산되어 행복을 느끼게 하는 것이므로 빈칸에는 ② chemical이 알맞다.

해석 당신은 스트레스를 받거나 기분이 우울한가? 그렇다면 여기 당신에게 좋은 소식이 있다. 간단한 몇 가지 절차가 도움이 될 것이다! 첫째, 밖에 나가서 충분한 양의 햇볕을 쬐라. 과학자들에 따르면 이것이 뇌 속에 특별한 화학물질을 만드는 데 도움을 주고, 그 화학물질은 당신을 행복하게 만든다고 한다! 당신이 할 수 있는 또 다른 일은 운동이다. 이것은 훨씬 더 많은 '행복 화학물질'을 만드는 데 도움을 준다. 다음에 당신이 우울할 때 이 간단한 조언을 시도해 보라. 화면 앞에 앉아 있는 대신, 밖에 나가 햇빛을 받으며 뛰어다녀라!
① 차이, 대조
② 화학의, 화학적인; 화학물질
③ 발전, 진전
④ 경제, 경기
⑤ (전문적인) 직업

2주 창의 · 융합 · 코딩 전략 ❶   pp. 66~67

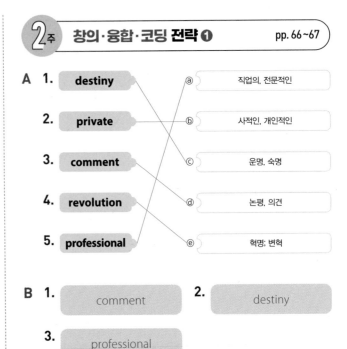

A 1. destiny
2. private
3. comment
4. revolution
5. professional

ⓐ 직업의, 전문적인
ⓑ 사적인, 개인적인
ⓒ 운명, 숙명
ⓓ 논평, 의견
ⓔ 혁명; 변혁

B 1. comment   2. destiny
3. professional

C

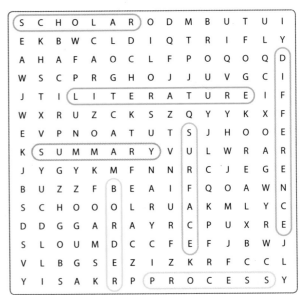

요약, 개요	문학	표면
summary	literature	surface

차이; 차이점	과정	국경, 경계
difference	process	border

D
1. compliment : 칭찬, 찬사
2. chemistry : 화학
3. permission : 허락, 허가
4. economy : 경제, 경기
5. reward : 보상; 보상하다
6. mission : 임무, 사명

E
1. permission
2. reward
3. compliment

F

```
°o r °d e r                °p
    e                      a    °b
    f                      n    e
  °d e s t °i n a t i o n   c    n
    n       n                    e
    s       t                    f
°i  e       e                    i
n           l                    t
s         °s i m i l a r i t y
i           i
g           g
°h e s i t a t e
t           n
          °l i t e r a r y
```

해석 [Across]
❶ 어수선함; 무질서 : 정돈; 질서 / 수익, 이익 : 손실, 손해
❺ 누군가 또는 무언가가 가고 있는 장소 → 목적지, 도착지

[Down]
❷ 공격으로부터 누군가 또는 무언가를 보호하는 행위 → 방어, 보호

1 (A) import　(B) punish　2 employ
3 (A) fate　(B) loss　4 (1) celebrity　(2) surface
5 (1) consider　(2) obey　6 excluded
7 (A) scenery　(B) similarity
8 (1) architect　(2) emergency

1 해설 (A) export(수출하다)의 반의어는 import(수입하다)이다.
(B) 동사가 와야 하므로 punish(처벌하다, 벌주다)가 알맞다. identity와 assistance는 명사이다.

2 해설 영영 풀이에 해당하는 단어는 employ(고용하다)이다.

해석 누군가에게 급여를 지급하는 일자리를 제공하다
그 학교는 지난 학기에 새로운 교사들을 고용했다.

3 해설 (A) destiny(운명, 숙명)의 유의어는 fate이다.
(B) profit(수익, 이익)의 반의어는 loss(손실, 손해)이다.

4 해설 (1) 문맥상 TV에 출연한 후 '유명 인사'가 되었다는 의미가 자연스러우므로 빈칸에는 celebrity가 알맞다.
(2) 문맥상 바다가 지구 '표면'을 덮고 있다는 의미가 자연스러우므로 빈칸에는 surface가 알맞다.

해석 (1) 그는 한 TV 프로그램에 출연한 후 유명 인사가 되었다.
(2) 바다는 지구 표면의 70% 이상을 덮고 있다.

5 해설 (1) relieve(완화하다, 덜어 주다)와 relief(안도, 안심)는 동사 - 명사인 파생어 관계이다. 따라서 빈칸에는 consideration(고려, 숙고)의 동사형인 consider(고려하다, 숙고하다)가 알맞다.
(2) include(포함하다, 포함시키다)와 exclude(제외하다, 배제하다)는 반의어 관계이다. 따라서 빈칸에는 disobey(불복종하다, 거역하다)의 반의어인 obey(따르다, 복종하다)가 알맞다.

6 해설 초콜릿은 목록에 포함되어 있지 않으므로 included(포함된)를 excluded(제외된)로 고쳐야 한다.

해석 초콜릿은 구입 품목 목록에 포함되어(→ 제외되어) 있다.

7 해설 (A) landscape(풍경, 경치)의 유의어는 scenery이다.
(B) difference(차이; 차이점)의 반의어는 similarity(유사성; 유사점)이다.

8 해설 (1) 건물을 설계하는 사람은 '건축가'이므로 빈칸에는 architect가 알맞다.
(2) 사람들이 죽거나 다칠 수 있는 '비상사태'에 대응한 것이므로 빈칸에는 emergency가 알맞다.

해석 (1) 그 건축가는 친환경적인 건물을 설계하는 것으로 유명하다.
(2) 소방관들은 비상사태에 신속하게 대응했고, 아무도 죽거나 다치지 않았다.

적중 예상 전략 | ❶

pp. 76 ~79

1 ③ 2 ④ 3 ⑤ 4 ⑤ 5 ③ 6 ① 7 ④
8 (1) transportation (2) relieve 9 (1) reflect
(2) illustrate 10 ② 11 ④ 12 ③ 13 ⑤
14 (1) adapt (2) reflection 15 (1) ruin (2) weep
16 (1) elect (2) emphasize 17 ① 18 ④
19 adopted

1 해설 ③은 동사-형용사인 파생어 관계이고, 나머지는 모두 동사-명사인 파생어 관계이다.

해석 ① 완화하다, 덜어 주다 - 안도, 안심
② 돕다, 보조하다 - 도움, 원조, 지원
③ 끌다, 끌어들이다 - 매력적인
④ 고려하다, 숙고하다 - 고려, 숙고
⑤ 수송하다, 운송하다 - 수송, 운송; 교통수단

2 해설 increase(증가하다, 늘다)와 decrease(감소하다, 줄다)는 반의어 관계이므로 첫 번째 빈칸에는 exclude(제외하다, 배제하다)의 반의어인 include(포함하다, 포함시키다)가 알맞다.
damage(손상시키다)와 harm은 유의어 관계이므로 두 번째 빈칸에는 fix(수리하다, 고치다)의 유의어인 repair가 알맞다.

해석 증가하다, 늘다 : 감소하다, 줄다 / 포함하다, 포함시키다 : 제외하다, 배제하다
손상시키다 / 수리하다, 고치다

① hire: 고용하다
② extend: 연장하다; 뻗다
③ attach: 붙이다, 첨부하다
⑤ influence: 영향을 주다

3 해설 영영 풀이에 해당하는 단어는 ⑤ ignore이다.

해석 누군가 또는 무언가에 주의를 기울이지 않으려고 작정하다
① 이동하다, 옮기다
② 선출하다
③ 붙이다, 첨부하다
④ 수출하다
⑤ 무시하다

4 해설 contact는 '연락하다; 연락'이라는 뜻이므로 명사의 영영 풀이는 '의사소통하는' 행위가 되어야 한다. 따라서 빈칸에는 ⑤ communicating이 알맞다.

해석 1 동사 / 누군가에게 전화하거나 편지를 쓰다
2 명사 / 누군가와 의사소통하는 행위
① 시작하는
② 노는
③ 일하는
④ 헤어지는
⑤ 의사소통하는

어휘 break up with ~와 헤어지다

5 해설 hire와 employ는 유의어로 '고용하다'라는 뜻이다.

해석 나는 내 집을 관리할 사람을 고용하고 싶다.
① 따르다, 복종하다
② 처벌하다, 벌주다
③ 고용하다
④ 영향을 주다
⑤ 강조하다

어휘 look after ~을 돌보다; 관리하다

6 해설 chase와 pursue는 유의어로 '뒤쫓다'라는 뜻이다.

해석 말을 탄 병사들이 한 남자를 뒤쫓고 있었다.
① 뒤쫓고
② 완화하고

③ 짜내고
④ 대신하고
⑤ 측정하고

어휘 soldier 군인, 병사

7 해설 ④ commit은 '저지르다, 범하다'라는 뜻이다. '빠뜨리다, 생략하다'라는 뜻을 가진 단어는 omit이다.

8 해설 (1) 사진 속 차량은 학교 버스이고, 문맥상 학교를 오가는 '교통수단'이라는 의미가 자연스러우므로 빈칸에는 transportation이 알맞다.
(2) 사진 속 소년이 발목에 얼음 팩을 대고 있고, 문맥상 통증을 '완화하기' 위함이라는 의미가 자연스러우므로 빈칸에는 relieve가 알맞다.

해석 〈보기〉 연락하다 / 교통수단 / 완화하다, 덜어 주다
(1) 우리 학교는 우리에게 학교를 오가는 교통수단을 제공한다.
(2) 그는 통증을 완화하기 위해 발목에 얼음 팩을 댔다.

어휘 provide 제공하다   ankle 발목

9 해설 (1) 우리말 '반영하다'는 reflect로 나타낸다.
(2) 우리말 '(사진을) 넣다'는 illustrate로 나타낸다.

해석 〈보기〉 흡수하다 / 반영하다 / 삽화를 넣다

어휘 interest 관심   Jamaican 자메이카의

10 해설 (A) 문맥상 스마트폰에 '의존하다'라는 의미가 적절하므로 depend가 알맞다. defend는 '방어하다, 수비하다'라는 뜻이다.
(B) 문맥상 빈칸을 채울 '적절한' 단어라는 의미가 적절하므로 appropriate가 알맞다. appreciate는 '고마워하다; 진가를 알아보다'라는 뜻이다.
(C) 문맥상 범죄자들을 '확인하다'라는 의미가 적절하므로 identify가 알맞다. identity는 '신원, 신분'이라는 뜻이다.

해석 (A) 요즘, 사람들은 스마트폰에 의존한다.
(B) 빈칸을 채울 적절한 단어를 고르시오.
(C) 우리는 유전자 정보를 통해 범죄자들을 확인할 수 있다.

어휘 fill in ~을 채우다   blank 빈칸   criminal 범죄자

11 해설 문맥상 첫 번째 문장은 말을 못 들은 '척했다'라는 의미가 적절하고, 두 번째 문장은 파리에 사는 척했다'라는 의미가 적절하므로 빈칸에는 ④ pretend가 알맞다.

해석 그녀는 내 말을 들었지만 못 들은 척했다.
그는 파리에 사는 척했지만, 그렇지 않았다.
① 이동하다, 옮기다
② 쓸다, 털다
③ 끌다, 끌어들이다
④ ~인 척하다
⑤ 불복종하다, 거역하다

12 해설 문맥상 첫 번째 문장은 치아를 '손상시키다'라는 의미가 적절하고, 두 번째 문장은 회사의 이미지를 '손상시켰다'라는 의미가 적절하므로 빈칸에는 ③ harm이 알맞다.

해석 청량음료에 들어 있는 설탕은 당신의 치아를 손상시킬 수 있다.
그 소문은 회사의 이미지를 손상시켰다.
① 선출하다
② 따르다, 복종하다
③ 손상시키다
④ 처벌하다, 벌주다
⑤ 고려하다, 숙고하다

어휘 soft drink 청량음료   rumor 소문

13 해설 ⑤ appreciate는 '고마워하다'의 의미로 쓰였다.

해석 ① 비타민 C는 우리 몸이 철분을 흡수하도록 돕는다.
② 그 투어는 박물관 방문을 제외한다.
③ 그는 물의 온도를 측정할 것이다.
④ 그 남자는 목걸이를 훔쳤다고 자백했다.
⑤ 저녁 식사에 초대해 주셔서 정말 감사합니다.

어휘 iron 철분   temperature 온도   necklace 목걸이

14 해설 (1) 우리말 '적응하다'에 해당하는 단어는 adapt이므로 assist(돕다, 보조하다)를 adapt로 고쳐야 한다.
(2) 우리말 '(거울 등에 비친) 상'에 해당하는 단어는 reflection이므로 동사 reflect(비추다)를 명사 reflection으로 고쳐야 한다.

15 해설 (1) 그림에서 모든 사과나무가 쓰러져 있는 것으로 보아 폭풍이 농장을 덮쳐 나무를 '망쳤다'라는 의미가 적절하므로 빈칸에는 ruin이 알맞다.
(2) 그림에서 농부가 주저앉아 '울고' 있으므로 빈칸에는 weep이 알맞다.

해석 〈보기〉 울다, 눈물을 흘리다 / 수송하다, 운송하다 / 망치다, 파괴하다
(1) 폭풍이 농장을 덮쳤고 그것은 모든 사과나무를 망쳤다.
(2) 농부는 절망해서 슬프게 울기 시작했다.

어휘 strike (재난 등이) 발생하다, 덮치다
hopeless 가망 없는, 절망적인

16 해설 (1) 그림에서 16표를 받아 반장으로 '선출된' 여학생이 연설하고 있으므로 employ(고용하다)를 elect로 고쳐야 한다.
(2) 그림에서 여학생이 최선을 다하겠다고 '강조하고' 있으므로 extend(연장하다, 뻗다)를 emphasize로 고쳐야 한다.

해석 〈보기〉 강조하다 / 궁금하다, 궁금해하다 / 선출하다
(1) 그 소녀는 16표를 얻었고 학급 반장으로 선출되었다.
(2) 그녀는 모든 학생을 위해 최선을 다하겠다고 강조했다.

17 해설 ⓐ wander은 '거닐다, 돌아다니다'라는 뜻으로, 뒤의 영영 풀이와 의미가 일치한다.
ⓑ damage는 '손상을 주다, 손상시키다'라는 뜻으로, 뒤의 영영 풀이와 의미가 일치한다.
ⓒ disobey는 '불복종하다, 거역하다'라는 뜻이다. 뒤의 영영 풀이에 해당하는 단어는 obey(따르다, 복종하다)이다.

해석 ⓐ 거닐다, 돌아다니다: 어느 지역을 천천히 건너거나 주변을 걸어 다니다
ⓑ 손상을 주다, 손상시키다: 무언가가 깨지거나 망쳐지거나 손상을 입게 만들다
ⓒ 불복종하다, 거역하다(→ 따르다, 복종하다): 누군가가 하라고 하는 것을 하다

어휘 spoil 망치다   injure 해치다, 손상시키다

18 해설 문맥상 빅데이터는 회사의 제품 판매를 돕고, 사람들이 교통체증을 피하도록 돕는 등 우리 삶에 '영향을 주고' 있다는 내용이 되어야 자연스러우므로 ④ influencing이 알맞다.

해석 빅데이터는 우리 삶의 거의 모든 부분에 영향을 주고 있

다. 그것은 회사들이 고객이 필요로 하는 것을 더 잘 이해하도록 돕고 그들이 더 많은 제품을 판매하도록 돕는다. 그것은 사람들이 교통체증을 피하도록 돕는다. 그것의 용도는 끝이 없다.
① 일어나고
② 수출하고
③ 처벌하고
④ 영향을 주고
⑤ 감소하고

어휘 customer 고객   need 필요, 요구
product 제품   avoid 피하다
heavy traffic 교통체증   endless 끝없는

19 해설 문맥상 어릴 때 치타를 '입양했지만' 집에서 기른 것이 아니라 야생 치타를 보호하는 단체에 기부한 것이라는 내용이 되어야 자연스러우므로 adopted가 알맞다. attract는 '끌다, 끌어들이다'라는 뜻이다.

해석 많은 젊은 사람들이 세상을 더 좋은 곳으로 만들고 있다. 예를 들어, Carter와 Olivia Ries는 동물을 구하는 일에서 리더가 되어 왔다. 비록 그들은 십 대일 뿐이지만, 실제로 세상에 변화를 가져오고 있다. 그들은 어떻게 그것을 할 수 있었을까? Carter의 이야기를 들어보자.
내가 다섯 살이었을 때, 나의 여동생 Olivia와 나는 각자 치타를 입양했다. 우리가 치타를 집에서 길렀을까? 아니. 우리는 남아프리카공화국에 있는 야생 치타를 보호하는 자선단체에 기부했다. 부모님께서는 우리에게 우리가 그들을 보호하지 않으면 가까운 미래에 치타를 볼 수 없을지도 모른다고 말씀하셨다. 우리는 곧 다른 멸종 위기 동물들을 도와주는 것에 관심을 가지게 되었다.

어휘 make a difference 변화를 가져오다 charity 자선단체 wild 야생의 endangered 멸종 위기에 처한

적중 예상 전략 | ❷   pp. 80~83

1 ①, ②   2 ④   3 ②   4 ⑤   5 ⑤   6 ①   7 ①
8 (1) nerve (2) disorder   9 (1) chemical
(2) privacy   10 ③   11 ③   12 ④   13 ③
14 (1) debate (2) permission   15 (1) mission
(2) atmosphere   16 (1) benefit (2) similarity
17 ②   18 ③   19 award

1 해설 〈보기〉는 명사-형용사인 파생어 관계로, 이와 같은 것은 ①, ②이다. ③~⑤는 명사-동사인 파생어 관계이다.

해석 ① 논리 - 논리적인; 타당한
② 문학 - 문학의
③ 유명 인사 - 기념하다, 축하하다
④ 허락, 허가 - 허용하다, 허락하다
⑤ 요약, 개요 - 요약하다

2 해설 comment(논평)와 remark는 유의어 관계이므로 첫 번째 빈칸에는 chance(기회)의 유의어인 opportunity가 알맞다.
difference(차이; 차이점)와 similarity(유사성; 유사점)는 반의어 관계이므로 두 번째 빈칸에는 attack(공격)의 반의어인 defense(방어, 보호)가 알맞다.

해석 논평 / 기회
차이점; 차이 : 유사성; 유사점 / 방어, 보호 : 공격
① 정돈; 질서 - 극심한 공포, 공황
② 정돈; 질서 - 혁명; 변혁
③ 때, 경우 - 방어, 보호
④ 기회 - 방어, 보호
⑤ 기회 - 혁명; 변혁

3 해설 영영 풀이에 해당하는 단어는 ② insight이다.

해석 상황을 명확한 방식으로 이해하는 능력
① 극심한 공포, 공황
② 통찰(력), 식견
③ 학자
④ 혜택, 이득
⑤ (문화)유산, 전통

4 해설 emergency(비상사태)는 빠른 조치가 필요한 갑작스럽고 '위험한' 상황이라는 의미이므로 빈칸에는 ⑤ dangerous가 알맞다.

해석 멈추기 위해 빠른 조치가 필요한 갑작스럽고 위험한 상황
① 안전한
② 운이 좋은
③ 행복한
④ 유명한

⑤ 위험한

5 해설 scenery와 landscape는 유의어로 '풍경, 경치'라는 뜻이다.

해석 그는 언덕에서 평화로운 풍경을 내려다보고 있다.
① 신경
② 군락, 군집; 식민지
③ 보상
④ 진보, 발전
⑤ 풍경, 경치

6 해설 destiny와 fate는 유의어로 '운명, 숙명'이라는 뜻이다.

해석 그들은 서로 결혼할 운명을 가지고 태어났다.
① 운명, 숙명
② 상
③ 표면
④ 과정
⑤ 차이, 대조

7 해설 architect는 '건축가'라는 뜻이다. '건축학'이라는 뜻을 가진 단어는 architecture이다.

8 해설 (1) 그림에서 선생님이 눈과 뇌를 연결하는 '신경'을 가리키고 있으므로 빈칸에는 nerve가 알맞다.
(2) 그림 속 교실이 '어수선하다'라는 내용이 어울리므로 빈칸에는 disorder가 알맞다.

해석 〈보기〉 때, 경우 / 신경 / 어수선함
(1) 눈에 있는 이 신경은 당신이 볼 수 있게 해 준다.
(2) 이 교실은 어수선하다. 그것은 청소되어야 한다.

어휘 allow ~을 가능하게 하다

9 해설 (1) 우리말 '화학물질'은 chemical로 나타낸다.
(2) 우리말 '사생활'은 privacy로 나타낸다.

해석 〈보기〉 사생활 / 지능; 지성 / 화학물질

어휘 remove 제거하다, 없애다　weed 잡초
respect 존중하다

10 해설 (A) 문맥상 주요 뉴스 기사를 '요약'한다는 의미가 적절

하므로 summary가 알맞다. literature는 '문학'이라는 뜻이다.

(B) 문맥상 '국경'을 넘었다는 의미가 적절하므로 border가 알맞다. order는 '정돈; 질서'라는 뜻이다.

(C) 문맥상 '계약'에 따르면 일을 이번 달에 끝내야 한다는 의미가 적절하므로 contract가 알맞다. contrast는 '차이, 대조'라는 뜻이다.

해석 (A) 오늘 밤 주요 뉴스 기사를 요약해서 말씀드리겠습니다.

(B) 많은 사람들이 전쟁 때문에 국경을 넘었다.

(C) 계약에 따르면, 그는 이번 달에 그 일을 끝내야 한다.

어휘 news story 뉴스 기사   according to ~에 따르면

11 해설 문맥상 첫 번째 문장은 큰 '보상'을 기대할 수 있다는 의미가 적절하고, 두 번째 문장은 노고에 대한 '보상'이라는 의미가 적절하므로 빈칸에는 ③ reward가 알맞다.

해석 운동선수들은 승리하면 큰 보상을 기대할 수 있다.
그 상은 그녀의 모든 노고에 대한 보상이었다.
① 손실, 손해; 상실
② 논리
③ 보상
④ 공격
⑤ 칭찬, 찬사

어휘 athlete 운동선수

12 해설 문맥상 첫 번째 문장은 고유가가 세계 '경제'에 영향을 미친다는 의미가 적절하고, 두 번째 문장은 관광업의 성장이 도시 '경제'에 도움이 된다는 의미가 적절하므로 빈칸에는 ④ economy가 알맞다.

해석 고유가는 세계 경제에 심각한 영향을 미친다.
관광업의 성장은 도시 경제에 도움이 될 것이다.
① 기회; 가능성
② 혜택, 이득
③ 유사성; 유사점
④ 경제
⑤ 논평, 의견

13 해설 ③ destination은 '목적지'라는 의미로 쓰였다.

해석 ① 나는 그것을 칭찬으로 받아들이겠다.
② 브라질은 포르투갈의 식민지였다.
③ 비행기는 무사히 목적지에 도착했다.
④ 눈물은 안구의 표면을 깨끗하게 유지해 준다.
⑤ 어머니는 내 직업 선택에 충격을 받으셨다.

어휘 take 받아들이다   eyeball 안구

14 해설 (1) 우리말 '토론'에 해당하는 단어는 debate이므로 defense(방어, 보호)를 debate로 고쳐야 한다.

(2) 우리말 '허가'에 해당하는 단어는 명사 permission이므로 동사 permit(허용하다, 허락하다)을 permission으로 고쳐야 한다.

어휘 safety 안전

15 해설 (1) 그림과 문맥상 남자는 화성에서 생명체를 찾는 '임무'를 띠고 보내졌다는 의미가 적절하므로 빈칸에는 mission이 알맞다.

(2) 우주복을 입어야 하는 이유로 '대기' 중에 산소가 충분하지 않다는 의미가 적절하므로 빈칸에는 atmosphere가 알맞다.

해석 〈보기〉 대기 / (문화)유산, 전통 / 임무
(1) 그 남자는 화성에서 생명체를 찾는 임무를 띠고 보내졌다.
(2) 대기 중에 산소가 충분하지 않기 때문에 그는 우주복을 입고 있다.

어휘 spacesuit 우주복   oxygen 산소

16 해설 (1) 토마토 샐러드에는 건강상 많은 '이점'이 있다는 의미가 적절하므로 profit(수익, 이익)을 benefit으로 고쳐야 한다.

(2) 토마토와 사과의 '유사성'은 색깔이라는 의미가 적절하므로 difference(차이)를 similarity로 고쳐야 한다.

해석 〈보기〉 혜택, 이득 / 발전, 진전 / 유사성; 유사점
(1) 나는 아들에게 토마토 샐러드를 만들어 줄 거야. 그건 건강상 수익(→ 이점)이 많으니까.
(2) 나는 사과를 더 좋아해. 토마토와 사과의 유일한 차이(→ 유사성)는 색깔뿐이지.

17 해설 기술 고등학교에 진학하기로 결심한 것으로 보아 작은 동상을 만든 경험이 예술에 기술을 활용하는 것에 대해 배운

좋은 '기회'였음을 알 수 있다. 따라서 빈칸에는 ② chance가 알맞다.

해석 내 이름은 김지은이다. 나는 기술을 사용하는 예술가이다. 내가 무엇이 되고 싶은지를 결심한 특별한 순간이 있었다. 2030년으로 돌아가 보면, 나는 기술을 활용해 작은 동상을 만들었다. 그것은 예술에 기술을 활용하는 것에 대해 배운 아주 좋은 기회였다. 그래서, 나는 기술 고등학교에 진학하기로 결심했다. 고등학교를 졸업한 뒤, 나는 한국 예술 대학에 입학해서 예술과 기술에 대해 더 배웠다. 올해 나는 내 첫 전시회를 열었다. 나는 내 삶에 매우 만족한다.

① 공격
② 기회
③ 논평, 발언
④ 계약, 계약서
⑤ 칭찬, 찬사

어휘 technology 기술   statue 동상, 조각상
graduate 졸업하다   enter 입학하다
exhibition 전시회   satisfied 만족한

18 해설 ⓐ loss는 '손실, 손해'라는 뜻이다. 뒤의 영영 풀이에 해당하는 단어는 profit(수익, 이익)이다.
ⓑ scholar는 '학자'라는 뜻으로, 뒤의 영영 풀이와 의미가 일치한다.
ⓒ process는 '과정'이라는 뜻으로, 뒤의 영영 풀이와 의미가 일치한다.

해석 ⓐ 손실, 손해(→ 수익, 이익): 당신이 물건을 팔고 비용을 지불한 후 버는 돈
ⓑ 학자: 오랫동안 한 주제에 대해 연구해 온 사람
ⓒ 과정: 결과를 얻기 위한 일련의 행동

어휘 subject 주제   a serious of 일련의

19 해설 여성 독립운동가 남자현을 소개하는 글이다. 문맥상 독립을 위한 그녀의 투쟁에 경의를 표하기 위해 정부가 그녀에게 '상'을 수여했다는 의미가 되어야 하므로 award가 알맞다. order는 '정돈; 질서'라는 뜻이다.

해석 남자현에 대해 들어 본 적 있는가? 그녀는 여성 독립운동가였다. 그녀의 남편이 전쟁 중에 죽었을 때, 그녀는 독립을 위해 싸우기로 결심했다. 1919년에 남자현은 만주로 이주했다. 그런 후, 그녀는 그곳에서 학교를 짓고 여성들을 교육시켰

다. 1933년에 그녀가 일본에 체포되었을 때, 그녀는 일본인 장교들을 죽이려고 했다. 6개월 동안 투옥된 후 그녀는 석방되었고 그 직후에 죽었다. 1962년에, 독립을 위한 그녀의 투쟁에 경의를 표하기 위해 정부는 그녀에게 상을 수여했다.

어휘 female 여성(의)   independence 독립
arrest 체포하다   officer 장교   prison 감옥
release 풀어주다   honor ~에게 경의를 표하다
government 정부

BOOK 2

정답과 해설

1주 동사 2 ·················· 26

2주 형용사와 부사 ·················· 34

● 신유형 · 신경향 · 서술형 전략 ········· 42

● 적중 예상 전략 1 · 2회 ·············· 42

1주 동사 2

하나 더 먹어도 돼요?

Sorry, but I can't **afford** to buy one more.

해석 ❶ 미안하지만, 내가 하나 더 사줄 **형편이** 안 **되는구나**.

저는 지금 컴퓨터 게임을 하고 싶어요.

You have to **remove** the trash from your desk first.

해석 ❷ 너는 우선 네 책상에서 쓰레기를 **없애야** 해.

55점이나 득점하셨네요!

Yes, I think I **deserve** the MVP award.

해석 ❸ 네, 저는 MVP상을 받을 자격이 있다고 생각해요.

공주님은 왕자와 결혼하실 건가요?

Yes. I'll **accept** the prince's proposal.

해석 ❹ 네, 저는 왕자님의 청혼을 **받아들일** 거예요.

1주 1일 개념 돌파 전략 ❶   pp. 8~11

1-1 purchase
1-2 (1) imitate   (2) declined   (3) confirm
2-1 struggle
2-2 (1) afford   (2) access   (3) involves
3-1 Soak
3-2 (1) retire   (2) accompanied   (3) consume
4-1 overhear
4-2 (1) manufactured   (2) declared   (3) composed

1주 1일 개념 돌파 전략 ❷   pp. 12~13

A 1. 은퇴하다, 퇴직하다
2. 거절하다; 감소하다
3. 동행하다, 동반하다
4. 모방하다; 흉내 내다
5. 애쓰다, 고군분투하다
6. ~할 형편이 되다, 여유가 있다
7. 제조하다, 생산하다
8. 포함하다, 수반하다
9. 접근하다, 접속하다; 접근
10. (액체에) 담그다, 적시다; 젖다
11. 우연히 듣다, 엿듣다
12. 소비하다, 소모하다
13. 선언하다, 선포하다
14. 확인하다
15. 구입 (구매) 하다; 구입, 구매
16. 구성하다; 작곡하다

B 1. compose   2. consume   3. overhear
4. access   5. purchase   6. involve   7. declare
8. imitate   9. confirm   10. decline
11. manufacture   12. accompany   13. soak
14. retire   15. afford   16. struggle

C 1. ②   2. ①   3. ③

D 1. ③   2. ③   3. ②

C 해석 1. 그 디자이너는 드레스를 디자인하기 위해 튤립을 모방했다.

① 무시하다

② 모방하다

③ 우연히 듣다, 엿듣다

2. 그 남자는 딸에게 우유를 주었지만, 그녀는 마시는 것을 거절했다.

① 거절하다

② 선언하다, 선포하다

③ 의존하다, 의지하다

3. 그 공장은 매일 신선한 딸기잼을 생산한다.

① ~할 형편이 되다, 여유가 있다

② 구입하다, 구매하다

③ 제조하다, 생산하다

D 해석 1. 시간, 에너지, 연료 등을 사용하다

① (액체에) 담그다, 적시다; 젖다

② 모방하다; 흉내 내다

③ 소비하다, 소모하다

2. 무언가를 공식적으로 그리고 공개적으로 말하다

① 접근하다, 접속하다

② 포함하다, 수반하다

③ 선언하다, 선포하다

3. 특정한 나이에 직장을 떠나 일을 그만두다

① 확인하다

② 은퇴하다, 퇴직하다

③ 구입(구매)하다

1주 2일 필수 체크 전략 ❶

pp. 14~17

필수 예제 1	(1) expose (2) postpone (3) rely (4) observe (5) allow (6) acquire
확인 문제 1-1	(1) × (2) ○
확인 문제 1-2	(1) (r)eliable (2) (o)bserve (3) (d)elay

확인 문제 1-1

해설 (1) prohibit은 '금하다, 금지하다'라는 뜻이므로 allow(허락하다, 허용하다)의 과거분사형인 allowed로 고쳐야 한다.

(2) require: 필요하다, 요구하다

확인 문제 1-2

해설 (1) 믿을(신뢰할) 수 있는: 믿거나 신뢰할 수 있는

(2) 관찰하다: 무언가 또는 누군가를 세밀히 보다

(3) 연기하다, 지연시키다: 어떤 일이 나중에 일어나도록 하다

필수 예제 2	(1) examine (2) focus (3) approve (4) contribute (5) analyze
확인 문제 2-1	(1) × (2) ×
확인 문제 2-2	(1) (a)pprove (2) (i)nvestigate (3) (t)ranslate

확인 문제 2-1

해설 (1) analysis는 '분석'이라는 뜻의 명사이므로 동사 analyze (분석하다)로 고쳐야 한다.

(2) concentrate는 '집중하다'라는 뜻이므로 contribute(기여하다, 공헌하다)의 과거분사형인 contributed로 고쳐야 한다.

확인 문제 2-2

해설 (1) 찬성하다: 어떤 것이 좋거나 적절하다고 생각하다

(2) 조사하다: 무언가를 이해하기 위해 상세하게 연구하다

(3) 번역하다: 말을 한 언어에서 다른 언어로 바꾸다

1주 2일 필수 체크 전략 ❷

pp. 18~19

1 ③ **2** observing **3** ② **4** ④ **5** oppose

1 해설 ③은 형용사, 나머지는 모두 동사이다.

해석 ① 허락하다, 허용하다

② 필요하다, 요구하다

③ 믿을(신뢰할) 수 있는

④ 번역하다

⑤ 조사하다

2 해설 소년은 쌍안경으로 새를 관찰하고 있으므로 observing 이 알맞다. allow는 '허락하다, 허용하다'라는 뜻이다.

해석 소년은 나뭇가지 위에 있는 새를 관찰하고 있다.

3 해설 동사 concentrate는 '집중하다'라는 뜻으로 focus와

의미가 가장 유사하다.

해석 TV를 끄고 숙제에 집중해라.
① 연기하다, 지연시키다
② 집중하다
③ 분석하다
④ 찬성하다, 승인하다
⑤ 기여하다, 공헌하다

4 해설 우리말 '번역하다'는 translate로 나타낸다.

해석 ① delay: 연기하다, 지연시키다
② analyze: 분석하다
③ examine: 조사하다, 검토하다
⑤ distribute: 나누어 주다, 분배하다

5 해설 피켓에 쓰인 문구를 보면 사람들은 전쟁을 '드러내는' 것이 아니라 '반대하고' 있다. 따라서 expose를 oppose로 고쳐야 한다.

해석 〈보기〉 연기하다, 지연시키다 / 필요하다, 요구하다 / 반대하다 / 조사하다
사람들은 전쟁을 드러내고(→ 반대하고) 평화를 바란다.

---

(2) 나누다, 분리하다: 무언가를 여러 부분으로 나누다
(3) 정리하다, 배열하다: 한 무리의 물건을 정돈된 순서나 위치에 두다

필수 예제 4	(1) establish (2) migrate (3) accept
	(4) explore (5) fascinate (6) embarrass
확인 문제 4-1	(1) × (2) ○
확인 문제 4-2	(1) (m)igrate (2) (e)xplode
	(3) (e)mbarrassed

확인 문제 4-1
해설 (1) accept는 '받아들이다, 수락하다'라는 뜻이므로 reject (거절하다, 거부하다)의 과거형인 rejected로 고쳐야 한다.
(2) frustrate: 좌절감을 주다

확인 문제 4-2
해석 (1) 이동하다: (동물이) 세상의 다른 지역으로 이동하다
(2) 폭발하다, 폭파시키다: 큰 소음과 함께 폭발하거나 무언가를 폭발하게 하다
(3) 당황스러운, 난처한: 다른 사람들 앞에서 불편하거나 수치스럽게 느끼는

1주 3일 필수 체크 전략 ❶ pp. 20~23

필수 예제 3	(1) break (2) restrict (3) combine
	(4) deserve (5) removal
확인 문제 3-1	(1) × (2) ×
확인 문제 3-2	(1) (v)iolate (2) (s)eparate (3) (a)rrange

확인 문제 3-1
해설 (1) combine은 '결합하다'라는 뜻이므로 remove(없애다, 제거하다)로 고쳐야 한다.
(2) preserve는 '보호하다, 보존하다'라는 뜻이므로 deserve (~을 받을 만하다, ~할 자격이 있다)의 3인칭 단수 현재형인 deserves로 고쳐야 한다.

확인 문제 3-2
해석 (1) 위반하다, 어기다: 법, 규칙 등을 따르기를 거부하다

1주 3일 필수 체크 전략 ❷ pp. 24~25

1 ⑤ **2** arranging **3** ① **4** ⑤ **5** restrict

1 해설 embarrassed는 동사 embarrass의 과거분사형으로 형용사로 쓰이며, 나머지는 모두 동사이다.

해석 ① 위반하다, 어기다
② 제한하다, 한정하다
③ 이동하다; 이주하다
④ 마음을 사로잡다, 매혹하다
⑤ 당황스러운, 난처한

2 해설 두 사람은 책장에서 책을 정리하고 있으므로 arranging 이 알맞다. combine은 '결합하다; 혼합하다'라는 뜻이다.

해석 지연이와 Timothy는 함께 책을 정리하고 있다.

3 해설 동사 violate는 '위반하다, 어기다'라는 뜻으로 break 와 의미가 가장 유사하다.

해석 그는 법을 <u>위반하면</u> 체포될 것이다.
① 위반하다, 어기다
② 받아들이다, 수락하다
③ 탐험하다, 탐사하다
④ ~을 받을 만하다, ~할 자격이 있다
⑤ 나누다, 분리하다

4 해설 우리말 '세우다'는 establish로 나타낸다.

해석 ① limit: 제한하다
② explore: 탐험하다, 탐사하다
③ migrate: 이동하다; 이주하다
④ combine: 결합하다; 혼합하다
⑤ establish: 설립하다, 세우다

5 해설 시속 30km 이하로 운전하라는 속도 제한 표지판이므로 accept(받아들이다, 수락하다)를 restrict(제한하다, 한정하다)로 고쳐야 한다.

해석 〈보기〉 제한하다, 한정하다 / 보호하다, 보존하다 / 폭발하다, 폭파시키다 / 좌절감을 주다
빠르게 운전하지 마라. 어린이 보호 구역에서는 속도가 시속 30km로 <u>받아들여져(→ 제한되어)</u> 있다.

1주 4일 교과서 대표 전략 ❶   pp. 26~29

> 1 (1) break (2) reject   2 ⑤   3 ⑤   4 ④   5 ①, ⑤
> 6 ⑤   7 ③   8 ⑤   9 ②   10 separate   11 ④
> 12 ④   13 ⑤   14 (1) restrict (2) retire   15 ①
> 16 ②

1 해설 (1) establish와 found는 유의어 관계이므로 violate의 유의어인 break가 알맞다.
(2) allow와 prohibit은 반의어 관계이므로 accept의 반의어인 reject가 알맞다.

해석 (1) 설립하다, 세우다 / <u>위반하다, 어기다</u>
(2) <u>거절하다, 거부하다</u> : 받아들이다, 수락하다 = 허락하다, 허용하다 : 금하다, 금지하다

2 해설 〈보기〉와 ⑤는 동사 – 명사인 파생어 관계이다.

해석 〈보기〉 분석하다 – 분석
① 의지[의존]하다; 신뢰하다 – 믿을[신뢰할] 수 있는
② 드러내다
③ 찬성하다 – 반대하다
④ 나누다, 분리하다 – 결합하다; 혼합하다
⑤ 정리하다, 배열하다 – 정리, 배열

3 해설 영영 풀이에 해당하는 단어는 ⑤ manufacture(제조하다, 생산하다)이다.

해석 공장에서 많은 수나 양으로 상품을 만들다
① ~할 형편이 되다, 여유가 있다
② 확인하다
③ 소비하다, 소모하다
④ 구입[구매]하다
⑤ 제조하다, 생산하다

4 해설 그림과 영영 풀이로 보아 이에 해당하는 단어는 accompany(동행하다, 동반하다)이다. 따라서 빈칸에는 '~와 함께'라는 의미인 ④ with가 알맞다.

해석 한 장소나 행사에 누군가<u>와 함께</u> 가다
① ~ 안에
② ~에서
③ ~ 위에
④ ~와 함께
⑤ ~로부터

5 해설 우리말 '연기하다'는 delay나 postpone으로 나타낸다.

해석 ① 연기된
② 거절된
③ 확인된
④ 금지된
⑤ 연기된

6 해설 그림의 상황과 문맥상 큰 음악 소리 때문에 '집중할' 수 없다는 내용이 되어야 한다.

해석 음악 소리가 너무 커서 나는 공부에 <u>집중할</u> 수 없다.
① 접근하다, 접속하다

② 포함하다, 수반하다

③ 소비하다, 소모하다

④ 관찰하다; (법 등을) 준수하다

⑤ 집중하다

7 **해설** 동사 compose는 '구성하다'와 '작곡하다'라는 뜻이 있는데, ③에서는 '구성하다'라는 뜻으로 쓰였다.

해석 ① 이 차는 많은 휘발유를 소모한다.
② 그 자선 단체는 기부금에 의존한다.
③ 그 (음악) 앨범은 여섯 곡으로 구성되었다.
④ 그녀는 지혜로 존경을 받을 만하다.
⑤ 우리는 많은 면에서 우리 사회에 기여한다.

8 **해설** ⑤ 종종 거짓말을 한다고 했으므로 그가 '믿을 수 있는 (reliable) 사람'이라고 하는 것은 어색하다. 따라서 he's a reliable person을 he's not a reliable person으로 고쳐야 한다.

해석 ① 나는 쿠키를 따뜻한 우유에 담갔다.
② 너는 지금 네 이메일에 접속할 수 있니?
③ Dave는 새 컴퓨터를 살 여유가 있다.
④ 못들을 제거하고 구멍을 메워라.
⑤ 그는 종종 거짓말을 해서 믿을 수 있는(→ 믿을 수 없는) 사람이다.

9 **해설** 문맥상 소설이 '번역되었다'라는 의미가 적절하므로 빈칸에는 ② translated가 알맞다.

해석 그 신간 소설은 다섯 개의 언어로 번역되었다.
① 분석된
② 번역된
③ 연기된
④ 설립된
⑤ 조사된

10 **해설** 문맥상 첫 번째 문장은 두 모둠으로 '나누다'가 되어야 하고, 두 번째 문장은 다른 음식과 '분리된'이 되어야 하므로 빈칸에는 separate가 알맞다.

해석 그는 사람들을 두 모둠으로 나누었다.
나는 냉장고에 과일을 다른 음식과 분리해서 보관한다.

11 **해설** 영영 풀이에 해당하는 단어는 establish(설립하다, 세우다)이다.

해석 회사, 체제, 조직 등을 만들거나 시작하다
① 요청이 승인되었다.
② 그녀는 그의 화풍을 모방해 왔다.
③ 나는 바빠서 전화를 거절했다.
④ 그 도시는 18세기에 세워졌다.
⑤ 그 일은 동물들을 산책시키고 동물들에게 먹이를 주는 것을 포함한다.

12 **해설** 그림과 문맥상 커피를 엎질러서 '당황스러워하다'라는 의미가 적절하므로 빈칸에는 ④ embarrassed가 알맞다.

해석 그녀는 커피를 엎질러서 당황스러워했다.
① 정리된
② 폭발된
③ 우연히 듣게 된
④ 당황스러운
⑤ 동행하게 된

13 **해설** 문맥상 첫 번째 문장은 표를 미리 '구매하다'가 되어야 하고, 두 번째 문장은 온라인으로 '구입하다'가 되어야 하므로 빈칸에는 ⑤ purchase가 알맞다.

해석 너는 미리 표를 구매해야 한다.
네가 그 셔츠를 온라인으로 구입하면 훨씬 더 싸다.
① 제한하다
② 포함하다, 수반하다
③ 반대하다
④ 필요하다, 요구하다
⑤ 구입(구매)하다

14 **해설** 문맥상 (1)은 공공장소에서 흡연을 '제한하다'가 되어야 하므로 restrict가 알맞고, (2)는 내년에 '은퇴하다'라는 의미가 되어야 하므로 retire가 알맞다.

해석 〈보기〉 찬성하다; 승인하다 / 제한하다, 한정하다 / 은퇴하다 / 관찰하다; (법 등을) 준수하다
(1) 그 법은 공공장소에서의 흡연을 제한하기 위해 만들어졌다.
(2) 그는 지금 64세이어서 내년에 은퇴할 것이다.

15 해설 동사 investigate는 '조사하다'라는 뜻으로 examine 과 의미가 유사하다.

해석 이 연구는 빛 공해의 영향을 <u>조사할</u> 것이다.
① 조사하다, 검토하다
② 폭발하다, 폭파시키다
③ 좌절감을 주다
④ 관찰하다; (법 등을) 준수하다
⑤ 설립하다, 세우다

16 해설 사진에서 재료를 혼합하고 있으므로 빈칸에는 ② combine이 알맞다.

해석 달걀 1개, 우유 1컵, 밀가루 1컵을 그릇에 넣어라. 그러고 나서 모든 재료를 혼합해라.
① 없애다, 제거하다
② 결합하다; 혼합하다
③ 보호하다, 보존하다
④ 나누어 주다, 분배하다
⑤ 제조하다, 생산하다

1주 4일 교과서 대표 전략 ❷   pp. 30~31

1 ②   2 ③   3 ⑤   4 (1) analyze   (2) accept
(3) involve   5 ④   6 ①

1 해설 영영 풀이에 해당하는 단어는 ② imitate이다.

해석 다른 것과 같은 방식으로 무언가를 하거나 만들다
① 접근하다, 접속하다
② 모방하다; 흉내 내다
③ 확인하다
④ 애쓰다, 고군분투하다
⑤ 설립하다, 세우다

2 해설 영영 풀이에 해당하는 단어는 ③ afford이다.

해석 무언가에 지불할 수 있을 만큼 충분한 돈이 있다
① 거절하다, 거부하다
② 포함하다, 수반하다
③ ~할 형편이 되다, 여유가 있다

④ 탐험하다, 탐사하다
⑤ ~을 받을 만하다, ~할 자격이 있다

3 해설 expose 드러내다, 노출시키다

해석 눈이 녹았고, 그것은 빨간 지붕을 <u>드러냈다</u>.
① 누군가가 무언가를 하게 허락하다(allow)
② 대화를 우연히 듣다(overhear)
③ 무언가를 한동안 액체에 넣어두다(soak)
④ 한 지역에 대해 알기 위해 여행하다(explore)
⑤ 덮여 있거나 가려져 있던 것을 보여주다(expose)

4 해설 (1) 우리말 '분석하다'는 analyze로 나타낸다.
(2) 우리말 '받(아들이)다'는 accept로 나타낸다.
(3) 우리말 '포함하다'는 involve로 나타낸다.

5 해설 ④는 반의어 관계이고 나머지는 모두 유의어 관계이다.

해석 ① 위반하다, 어기다
② 설립하다
③ 연기하다
④ 찬성하다 – 반대하다
⑤ 집중하다

6 해설 문맥상 종이, 유리, 플라스틱, 캔을 '분리하다'라는 의미가 적절하므로 빈칸에는 ① separate가 알맞다.

해석 저는 많은 학생들이 물건들을 재활용하는 대신에 그냥 버리는 것을 발견했습니다. 하지만, 아시다시피 재활용은 자원을 절약하고 환경을 보호하는 것을 돕기 때문에 정말 중요합니다. 그래서 제 생각에는 재활용을 장려하기 위해 학교의 쓰레기통의 수를 줄일 필요가 있습니다. 대신에 각 층에 네 개의 다른 색깔의 재활용 통을 두는 게 어떨까요? 이것은 학생들에게 종이, 유리, 플라스틱, 캔을 알맞게 <u>분리하도록</u> 상기시킬 겁니다.
① 나누다, 분리하다
② 보호하다, 보존하다
③ 번역하다
④ 설립하다, 세우다
⑤ 조사하다

1주 누구나 합격 전략
pp. 32~33

1 ③ **2** ② **3** ⑤ **4** (1) establish (2) delay **5** ②
6 (1) removed (2) allowed **7** ②

1 해설 '소비하다'라는 의미를 가진 동사는 ③ consume이다.

해석 ① 위반하다, 어기다
② 정리하다, 배열하다
③ 소비하다, 소모하다
④ 번역하다
⑤ 조사하다

2 해설 ②는 형용사이고 나머지는 모두 동사이다.

해석 ① ~할 형편이 되다, 여유가 있다
② 믿을(신뢰할) 수 있는
③ 구성하다; 작곡하다
④ 우연히 듣다, 엿듣다
⑤ 동행하다, 동반하다

3 해설 영영 풀이에 해당하는 단어는 concentrate(집중하다)이다.

해석 무언가에 모든 주의를 기울이고 다른 것에 대해 생각하지 않다
① 그들은 집세를 내기 위해 고군분투한다.
② 하늘에서 폭죽이 터질 것이다.
③ 개인적인 질문을 해서 그녀를 난처하게 하지 마라.
④ 우리는 어떻게 개미들이 길을 찾는지를 관찰할 것이다.
⑤ 그는 책상에서 공부에 집중하려고 노력하고 있다.

4 해설 (1) 우리말 '설립하다'는 establish로 나타낸다.
(2) 우리말 '지연시키다'는 delay로 나타낸다.

해석 〈보기〉 연기하다, 지연시키다 / 습득하다, 얻다; 획득하다 / 설립하다, 세우다

5 해설 ② frustrate는 '좌절감을 주다'라는 뜻이다. '마음을 사로잡다, 매혹하다'라는 뜻을 가진 단어는 fascinate이다.

해석 ① 이런 종류의 일에는 경험이 요구된다.
② 모든 소년들이 그녀의 말에 좌절했다.

③ 우리는 100명으로 방문자의 수를 제한한다.
④ 그 지역은 1960년대에 국립공원으로 선포되었다.
⑤ 나는 진료 예약을 확인하기 위해 전화했다.

6 해설 (1) 벽에 그림을 그리기 전에 먼저 오래된 포스터를 '제거했다'라는 의미가 되어야 하므로 removed가 알맞다. preserve는 '보호하다, 보존하다'라는 뜻이다.
(2) 뒤 문장에서 귀여운 그림을 그리기로 결정했다고 했으므로 책임자가 원하는 그림을 그리도록 '허락했다'라는 의미인 allowed가 알맞다. prohibit은 '금하다, 금지하다'라는 뜻이다.

해석 프로젝트 책임자는 우리가 오전 9시에 그림 그리는 장소에서 만나게 했다. 벽은 상태가 아주 좋지 않았다. 몇 군데에는 이상한 낙서와 그림이 있었다. 다른 부분에는 오래된 포스터들이 붙어 있었다. 우리는 먼저 포스터들을 제거하고 낙서와 그림을 흰 페인트로 덧칠했다.
책임자는 우리가 원하는 어떤 것이든지 그리도록 허락했다. 우리는 그 벽이 초등학교 근처에 있어서 귀여운 뭔가를 그리기로 했다. 우리는 세 모둠으로 나뉘어 그리기 시작했다.

7 해설 문맥상 데이터를 모으고, 전문가들이 의미 있는 결과를 도출하기 위해 데이터를 '분석한다'라는 내용이 되어야 하므로 빈칸에는 ② analyze가 들어가야 한다.

해석 빅데이터는 매우 크고 복잡한 데이터 세트이다. 정보통신 기술이 발달하면서, 우리가 가지고 있는 데이터의 양이 전보다 훨씬 더 방대해지고 있다. 이것은 대부분 우리가 온라인으로 하는 거의 모든 것들이 흔적을 남기기 때문이다. 예를 들어, 여러분이 블로그에 게시하는 사진과 온라인 상점에서의 구매 기록은 전부 빅데이터의 일부다.
하지만, 단순히 데이터를 모으는 것으로는 충분하지 않다. 빅데이터는 분석되어야 하는데, 이것은 빅데이터 전문가들에 의해 행해진다. 다양한 방법을 이용하면서, 전문가들은 빅데이터를 분석하고 그것으로부터 의미 있는 결과를 도출한다. 그러고 나면 이 결과들은 결정하거나 미래를 예측하는 데 사용될 수 있다.
① 모방하다; 흉내 내다
② 분석하다
③ 이동하다; 이주하다
④ 결합하다; 혼합하다
⑤ 연기하다, 미루다

1주 창의·융합·코딩 전략 ❶ pp. 34~35

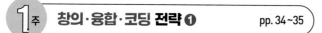

A

1. **reliable**
2. **observe**
3. **declare**
4. **arrange**
5. **translate**

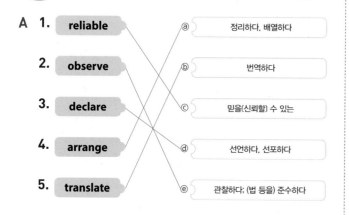

ⓐ 정리하다, 배열하다
ⓑ 번역하다
ⓒ 믿을(신뢰할) 수 있는
ⓓ 선언하다, 선포하다
ⓔ 관찰하다; (법 등을) 준수하다

B

1. arrange
2. observe
3. reliable

C

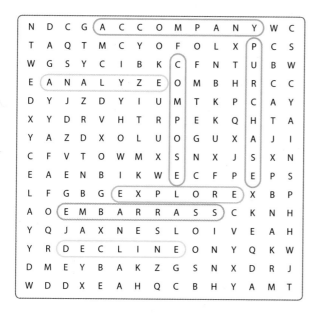

당황스럽게 하다	분석하다	탐험하다, 탐사하다
embarrass	analyze	explore

동행하다, 동반하다	구입하다, 구매하다	거절하다; 감소하다
accompany	purchase	decline

```
N D C G A C C O M P A N Y W C
T A Q T M C Y O F O L X P C S
W G S Y C I B K C F N T U B W
E A N A L Y Z E O M B H R C C
D Y J Z D Y I U M T K P C A Y
X Y D R V H T R P E K Q H T A
Y A Z D X O L U O G U X A J I
C F V T O W M X S N X J S X N
E A E N B I K W E C F P E X P
L F G B G E X P L O R E X B P
A O E M B A R R A S S C K N H
Y Q J A X N E S L O I V E A H
Y R D E C L I N E O N Y Q K W
D M E Y B A K Z G S N X D R J
W D D X E A H Q C B H Y A M T
```

1주 창의·융합·코딩 전략 ❷ pp. 36~37

D

1. removal : 제거
2. investigate : 조사하다
3. preserve : 보호하다, 보존하다
4. consume : 소비하다, 소모하다
5. approve : 찬성하다; 승인하다
6. violate : 위반하다, 어기다

E

1. investigate
2. violate
3. approve

F

해석 [Across]
❶ 누군가에게 날짜, 합의 등이 공식적이라고 말하다 → 확인하다
❼ 연기하다 / 집중하다

[Down]
❻ 무언가를 가지거나 포함하다 → 포함하다, 수반하다
❽ 찬성하다 : 반대하다 = 허락하다, 허용하다 : 금하다, 금지하다

2주 형용사와 부사

그것은 뭔가요?

This is my **precious** treasure!

해석 ❶ 이건 내 소중한 보물이에요!

내 노트북 컴퓨터가 완전히 고장 났어.

SYSTEM ERROR

On the **positive** side, you can buy a new one!

해석 ❷ 긍정적인 측면으로는, 너는 새것을 살 수 있어!

QUIZ

That is the **correct** answer!

답은 온실효과입니다.

해석 ❸ 그것은 정답입니다!

무엇을 도와드릴까요?

I need to go to the bathroom **urgently**.

INFORMATION

해석 ❹ 저는 **급히** 화장실에 가야 해요.

2주 1일 개념 돌파 전략 ❶　　pp. 40~43

1-1 eager
1-2 (1) obvious　(2) particular　(3) excellent
2-1 artificial
2-2 (1) multiple　(2) hollow　(3) urgently
3-1 annual
3-2 (1) indeed　(2) frequent　(3) meaningful
4-1 steady
4-2 (1) mental　(2) capable　(3) dynamic

2주 1일 개념 돌파 전략 ❷　　pp. 44~45

A　1. (속이) 빈
　　2. 인공의, 인공적인
　　3. 급히, 다급하게
　　4. 다수의, 여럿의
　　5. 잦은, 빈번한
　　6. 정신의, 마음의
　　7. 활력 있는; 역동적인
　　8. ~할 수 있는; 유능한
　　9. 의미 있는, 중요한
　　10. 매년의, 연례의; 연간의
　　11. 정말, 참으로
　　12. 특정한
　　13. 훌륭한, 우수한
　　14. 꾸준한; 안정적인
　　15. 분명한, 명백한
　　16. 열렬한, 간절히 바라는

B　1. capable　2. frequent　3. indeed
　　4. multiple　5. steady　6. hollow
　　7. meaningful　8. particular　9. annual
　　10. dynamic　11. eager　12. urgently
　　13. artificial　14. mental　15. excellent
　　16. obvious

C　1. ①　2. ③　3. ②

D　1. ②　2. ③　3. ①

C 해석 1. 그녀는 시험에 합격할 수 있었다.

① ~할 수 있는

② 인공의, 인공적인

③ 훌륭한, 우수한

2. 그는 아프리카 미술에 관한 특정한 책을 찾고 있다.

① 꾸준한; 안정적인

② 잦은, 빈번한

③ 특정한

3. 기타와 바이올린 같은 악기는 속이 빈 몸통을 가지고 있다.

① 열렬한, 간절히 바라는

② (속이) 빈

③ 분명한, 명백한

D 해석 1. 에너지로 가득 차 있고 매우 활발한

① 정말, 참으로

② 활력 있는

③ 훌륭한, 우수한

2. 천천히 점차 계속해서 변하거나 일어나는

① 매년의, 연례의; 연간의

② 급히, 다급하게

③ 꾸준한

3. 정신과 관련 있거나 마음속에서 일어나는

① 정신의, 마음의

② 인공의, 인공적인

③ 잦은, 빈번한

2주 2일 필수 체크 전략 ❶

pp. 46~49

필수 예제 1	(1) harsh (2) complicated
	(3) completely (4) satisfied (5) unfair
확인 문제 1-1	(1) × (2) ○
확인 문제 1-2	(1) (c)omplete (2) (p)riceless
	(3) (s)atisfy

확인 문제 1-1

해설 (1) 우리말이 '공정하지 않다'이므로 fair(공정한)를 unfair(불공정한)로 고치거나 is를 isn't(is not)로 고쳐야 한다.

(2) completely: 완전히, 전적으로

확인 문제 1-2

해석 (1) 완전한, 전부의: 어느 것도 부족하지 않고 모든 부분을 가지고 있는

(2) 아주 귀중한: 고액의 가치가 있고 매우 중요한

(3) 만족시키다: 어떤 사람에게 원하는 것을 주어 기쁘게 하다

필수 예제 2	(1) active (2) necessary (3) precious
	(4) immediately (5) uncomfortable
확인 문제 2-1	(1) × (2) ○
확인 문제 2-2	(1) (i)mmediate (2) (r)ealistic
	(3) (n)ecessity

확인 문제 2-1

해설 (1) 우리말이 '편하다'이므로 uncomfortable(불편한)을 comfortable(편안한)로 고쳐야 한다.

(2) active: 활동적인, 활발한

확인 문제 2-2

해석 (1) 즉각적인, 당장의: 지체 없이 일어나거나 행해지는

(2) 현실적인: 실제 있는 그대로의 상황에 기반한

(3) 필수품: 살기 위해 가져야만 하는 것

2주 2일 필수 체크 전략 ❷

pp. 50~51

1 ⑤ **2** previous **3** ⑤ **4** ③ **5** harsh

1 해설 ⑤ necessity는 명사이고, 나머지는 모두 형용사이다.

해석 ① 가혹한, 혹독한

② 현실적인

③ 만족하는, 만족스러워하는

④ 아주 귀중한, 값을 매길 수 없는

⑤ 필수품

2 해설 가수는 '이전' 곡들과 다른 장르의 노래를 부르고 있으므로 previous(이전의, 앞의)가 알맞다. precious는 '귀중한, 소중한'이라는 뜻이다.

해석 그녀의 신곡은 이전 곡들과 다른 장르이다.

3 해설 complex는 '복잡한'이라는 뜻의 형용사로 ⑤ complicated와 의미가 가장 유사하다.

해석 너무 복잡해서 그 수학 문제를 푸는 법을 설명할 수 없다.
① 불공정한, 불공평한
② 활동적인
③ 가치 없는, 쓸모없는
④ 즉각적인, 당장의
⑤ 복잡한

4 해설 completely는 '완전히, 전적으로', worthless는 '가치 없는, 쓸모없는'이라는 뜻이다.

5 해설 사진 속 식물은 사막의 혹독한 기후에서 생존하는 선인장이다. 따라서 comfortable(편안한)을 〈보기〉의 harsh(가혹한, 혹독한)로 바꿔야 한다.

해석 〈보기〉 가혹한, 혹독한 / 활동적인, 활발한 / 귀중한, 소중한 / 필요한, 필수의
그 식물은 사막의 편안한(→ 혹독한) 환경에서 살아남는다.

2주3일 필수 체크 전략 ❶
pp. 52~55

필수 예제 3	(1) exact (2) politics (3) properly (4) convenient
확인 문제 3-1	(1) × (2) ○
확인 문제 3-2	(1) (a)ccurate (2) (p)roper (3) (n)egative

확인 문제 3-1
해설 (1) 우리말이 '편리한'이므로 inconvenient(불편한)을 convenient(편리한)로 고쳐야 한다.
(2) effective: 효과적인, 효력 있는

확인 문제 3-2
해석 (1) 정확한: 오류나 실수 없이 맞고 사실인
(2) 적당한, 적절한: 목적이나 상황에 적합한, 또는 사회적으로 받아들여지는
(3) 부정적인: 누군가 또는 무언가의 나쁜 특성에 대해 생각하는

필수 예제 4	(1) jealous (2) moreover (3) evidence (4) constant (5) correct
확인 문제 4-1	(1) × (2) ×
확인 문제 4-2	(1) (c)onstruct (2) (e)nvious (3) (e)vidence

확인 문제 4-1
해설 (1) 우리말이 '정확한지'이므로 incorrect(부정확한)를 correct(정확한)로 고쳐야 한다.
(2) 우리말이 '내부'이므로 external(외부의)을 internal(내부의)로 고쳐야 한다.

확인 문제 4-2
해석 (1) 건설하다: 집, 다리, 도로 등과 같은 것을 짓다
(2) 부러워하는, 선망하는: 다른 사람이 가지고 있는 것을 갖고 싶어 하는
(3) 증거, 근거: 어떤 것이 존재하거나 진실이라는 것을 보여주는 사실이나 징표

2주3일 필수 체크 전략 ❷
pp. 56~57

1 ④ **2** envious **3** ⑤ **4** ④ **5** accurate

1 해설 ④는 명사, 나머지는 모두 형용사이다.

해석 ① 내부의
② 선망하는; 질투하는
③ 효과(효력) 없는
④ 증거, 근거
⑤ 편리한, 편한

2 해설 주변 사람들이 대회에서 우승한 소녀를 부러운 표정으로 바라보고 있으므로 envious(부러워하는, 선망하는)가 알맞다. exact는 '정확한'이라는 뜻이다.

해석 그녀는 대회에서 우승했고, 모두가 그녀를 부러워했다.

3 해설 부사 moreover는 '더욱이, 게다가'라는 뜻으로 furthermore와 의미가 유사하다.

해석 그는 재능 있는 배우이다. 게다가, 정말 노래를 잘한다.
① 효과적인, 효력 있는
② 적절히, 제대로
③ 끊임없는, 지속적인
④ 부정확한, 틀린
⑤ 더욱이, 게다가

4 해설 effective는 '효과적인, 효력 있는'이라는 뜻의 형용사이다.
① 편리한: convenient
② 적당한: proper
③ 긍정적인: positive
④ 효과적인: effective
⑤ 불편한: inconvenient

5 해설 시계탑이 정확한 시간을 보여주고 있으므로 convenient(편리한)를 accurate(정확한)로 고치는 것이 자연스럽다.

해석 〈보기〉 외부의 / 정치의, 정치적인 / 정확한 / 부정적인
그 시계탑은 시간이 편리하다(→ 정확하다).

2주 4일 교과서 대표 전략 ❶   pp. 58~61

1 (1) envious (2) political   2 ④, ⑤   3 ①   4 ④
5 ③, ④   6 ⑤   7 ②   8 ⑤   9 ②   10 (n)ecessary
11 ⑤   12 ③, ⑤   13 ①   14 ③   15 ②   16 ⑤

1 해설 (1) harsh와 severe는 유의어 관계이므로 jealous의 유의어인 envious가 알맞다.
(2) evident와 evidence는 형용사와 명사인 파생어 관계이므로 politics의 형용사형인 political이 알맞다.

해석 (1) 가혹한, 혹독한 / 선망하는, 부러워하는
(2) 정치의, 정치적인 : 정치 = 분명한, 명백한 : 증거, 근거

2 해설 fair와 unfair는 반의어 관계이므로 첫 번째 빈칸에는 negative의 반의어인 positive가 알맞다.
active와 energetic은 유의어 관계이므로 두 번째 빈칸에는 complicated의 유의어인 complex가 알맞다.

해석 공정한, 공평한 : 불공정한, 불공평한 = 긍정적인 : 부정적인
활동적인 / 복잡한
① 정신의
② 꾸준한
③ 효과적인
④ 긍정적인
⑤ 복잡한

3 해설 영영 풀이에 해당하는 단어는 ① artificial이다.

해석 사람에 의해 진짜나 자연적인 것처럼 만들어진
① 인공의, 인공적인
② 다수의, 여럿의
③ 잦은, 빈번한
④ 즉각적인, 당장의
⑤ 편리한, 편한

4 해설 그림 속 소년의 상황에 해당하는 단어는 satisfied(만족하는, 만족스러워 하는)이다. 따라서 영영 풀이는 '원했던 (wanted) 것이나 필요했던 것을 얻어 기뻐하는'이라는 의미가 되어야 한다.

해석 원했던 것이나 필요했던 것을 얻어 기뻐하는
① 잃어버렸던
② 부러뜨린
③ 잊어버린
④ 원했던
⑤ 싫어했던

5 해설 우리말 '분명한'은 obvious나 evident로 나타낸다.

해석 ① 가혹한, 혹독한
② 적당한, 적절한
③, ④ 분명한, 명백한
⑤ 필요한, 필수의

6 해설 그림의 상황과 문맥상 그곳에 가는 법을 설명하기가 '복잡하다'라는 내용이 되어야 한다.

해석 내가 지도를 보내줄게. 그곳에 가는 법을 설명하기가 복잡해.
① 정확한

② 현실적인
③ 활력 있는; 역동적인
④ 이전의, 앞의; 직전의
⑤ 복잡한

7 해설 ① exact: 정확한 ② particular: 특정한 ③ frequent: 잦은, 빈번한 ④ evidence: 증거, 근거 ⑤ moreover: 더욱이, 게다가

해석 ① 나는 정확한 날짜를 기억할 수 없다.
② 나는 염두에 둔 특정한 계획이 없다.
③ 그녀는 이 가게에 자주 오는 손님이다.
④ 그 사고가 일어났다는 증거가 없다.
⑤ 집세가 저렴하다. 게다가, 위치도 완벽하다.

8 해설 uncomfortable은 '불편한'이라는 뜻으로, 불편한 자세로 앉아서 쉬라는 의미는 어색하다. 따라서 uncomfortable을 comfortable(편안한)로 고쳐야 한다.

해석 ① 나는 그의 스페인어가 훌륭하다고 생각한다.
② 그런 식으로 말하는 것은 적절하지 않다.
③ 그들은 꾸준한 진전을 이루고 있다.
④ 그 데이터는 과학자들에게 매우 의미가 있다.
⑤ 불편한(→ 편안한) 자세로 앉아서 휴식을 취하세요.

9 해설 문맥상 컴퓨터가 '제대로' 작동하지 않아서 수리해야 한다는 의미가 되어야 자연스러우므로 빈칸에는 properly가 알맞다.

해석 나는 컴퓨터 수리를 받아야 한다. 컴퓨터가 제대로 작동하지 않는다.
① 꾸준한; 안정적인
② 적절히, 제대로
③ 급히, 다급하게
④ 즉시, 즉각
⑤ 더욱이, 게다가

10 해설 첫 번째 문장은 음식(먹이)이 '필수이다'가 되어야 하고, 두 번째 문장은 마스크를 쓸 '필요'가 없다가 되어야 한다. 따라서 공통으로 들어갈 단어는 necessary(필요한, 필수의)이다.

해석 지구상의 생명체에게 음식(먹이)은 필수이다.
밖에서는 꼭 마스크를 쓸 필요가 없다.

11 해설 영영 풀이의 뜻을 가진 단어는 annual이다.

해석 매해 한 번씩 일어나거나 행해지는
① 나는 그 처벌이 가혹하다고 생각한다.
② 스트레스는 정신 건강에 영향을 미칠 수 있다.
③ 가족과 함께하는 모든 시간이 소중했다.
④ 그 끊임없는 소음은 소녀를 초조하게 만들었다.
⑤ 연간 건강 검진을 받을 때이다.

12 해설 문맥상 빈칸에는 '정확한'이라는 의미의 형용사가 들어가야 한다. 따라서 부사 indeed(정말, 참으로)나 형용사 incorrect(부정확한, 틀린)는 빈칸에 들어갈 수 없다.

해석 나침반이 고장 나서 나는 정확한 방향을 찾을 수 없다.
① 정확한
② 맞는, 정확한
③ 정말, 참으로
④ 정확한
⑤ 부정확한, 틀린

13 해설 문맥상 첫 번째 문장은 담을 '뛰어넘을 수 있다'가 되어야 하고, 두 번째 문장은 '읽을 수 있다'가 되어야 한다. 따라서 빈칸에는 capable이 알맞다.

해석 그 소년은 담을 뛰어넘을 수 있다.
Amy는 겨우 5살이지만, 책을 읽을 수 있다.
① ~할 수 있는
② 이전의, 앞의; 직전의
③ 다수의, 여럿의
④ 완전한, 전부의
⑤ 효과(효력) 없는

14 해설 문맥상 첫 번째 문장은 남성들만 투표권을 가졌던 것은 '불공평했다(unfair)'가 되어야 하고, 두 번째 문장은 많은 군인이 '혹독한(harsh, severe)' 겨울에 죽었다는 내용이 되어야 한다. 따라서 빈칸에는 순서대로 unfair, harsh(severe)가 들어가야 한다.

해석 남성들에게만 투표권이 있었던 것은 불공평했다.
그 전쟁의 혹독한 겨울 동안 많은 군인이 죽었다.
①~⑤ fair 공정한, 공평한 unfair 불공정한, 불공평한 harsh(severe) 가혹한, 혹독한 proper 적당한, 적절한

15 해설 priceless는 '아주 귀중한, 값을 매길 수 없는'이라는 뜻의 형용사이다. '가치 없는'이라는 뜻을 가진 단어는 worthless다.

해석 ① 나는 그것에 대해 완전히 확신한다.
② 그 사진은 Emily에게 아주 귀중하다.
③ 그녀의 부모님은 그녀의 소식을 듣기를 간절히 바랐다.
④ 실수가 있었다는 것이 분명해졌다.
⑤ 이 카메라는 간단하고 사용하기에 편리하다.

16 해설 가게의 옷걸이에 디자인은 같고 색상이 여럿인 티셔츠가 걸려 있으므로 빈칸에는 multiple(다수의, 여럿의)이 알맞다.

해석 A: 이 티셔츠 빨간색도 있나요?
B: 네, 이 티셔츠는 여러 색깔로 나와요.
① 공정한, 공평한
② 정확한
③ 열렬한, 간절히 바라는
④ 정말, 참으로
⑤ 다수의, 여럿의

2주 4일 교과서 대표 전략 ❷

pp. 62~63

1 ①   2 ④   3 ④   4 (1) meaningful   (2) political
(3) necessity   5 ③   6 ④

1 해설 영영 풀이에 해당하는 단어는 ① eager(열렬한, 간절히 바라는)이다.

해석 무언가에 강하게 관심이 있고, 그것을 하거나 가지고 싶어 하는
① 열렬한, 간절히 바라는
② (속이) 빈
③ 분명한, 명백한
④ 현실적인
⑤ 편리한, 편한

2 해설 영영 풀이에 해당하는 단어는 ④ jealous(선망하는; 질투하는)이다.

해석 누군가가 당신이 원하는 것을 가지고 있어서 기분이 안 좋은
① 정확한
② 활동적인, 활발한
③ 긍정적인, 낙관적인
④ 선망하는; 질투하는
⑤ 훌륭한, 우수한

3 해설 fair는 '공정한, 공평한'이라는 뜻으로, ④의 영영 풀이가 이와 일치한다.

해석 나는 그녀에게 더 큰 케이크 조각을 주는 것은 공평하지 않다고 생각한다.
① 무언가의 외부와 관련이 있는(external)
② 자주 발생하거나 무언가를 자주 하는(frequent)
③ 장기간에 걸쳐 계속되는(constant)
④ 모든 사람을 동등하고 올바른 방식으로 대우하는(fair)
⑤ 가치나 중요성이 없는, 또는 쓸모없는(worthless)

4 해설 (1) '의미 있는'이라는 의미를 가진 형용사는 meaningful이다.
(2) '정당'이라는 의미를 가진 표현은 political party이다.
(3) '필수품'이라는 의미를 가진 명사는 necessity이다.

5 해설 ③은 반의어 관계이고, 나머지는 모두 유의어 관계이다.

해석 ① 가혹한, 혹독한
② 활동적인
③ 맞는, 정확한 - 부정확한, 틀린
④ 복잡한
⑤ 더욱이, 게다가

6 해설 역접 접속사 However(그러나) 이하가 로봇이 야기할 수 있는 문제들을 걱정한다는 내용을 이끌고 있으므로 앞 문장은 로봇에 대한 긍정적인 내용이 와야 한다. 따라서 로봇의 도움으로 삶이 '편리해질(convenient)' 것이라고 기대한다는 내용이 알맞다.

해석 로봇과 함께하는 우리의 미래는 밝지만 완벽해 보이지는 않는다. 어떤 사람들은 로봇의 도움으로 삶이 더 편리해질 것이라고 기대한다. 그러나 다른 사람들은 우리의 일자리와 안전에 대한 위협과 같은 로봇들이 야기할 수도 있는 문제들에 대해 걱정한다. 중요한 것은 가능한 해결책을 찾는 것과 반

드시 로봇이 좋은 일에만 사용되도록 하는 것이다.
① 매년의, 연례의; 연간의
② 분명한, 명백한
③ 특정한
④ 편리한, 편한
⑤ 즉시, 즉각

2주 누구나 합격 **전략**　　pp. 64~65

1 ②　2 (h)arsh　3 ①, ⑤　4 (1) satisfied
(2) hollow　5 ④　6 comfortable　7 ②

1 해설　우리말 '활동적인'은 active로 나타낸다.

해석　① 공정한, 공평한
② 활동적인, 활발한
③ 꾸준한; 안정적인
④ 적당한, 적절한
⑤ 완전한, 전부의

2 해설　영영 풀이에 해당하는 단어는 harsh(가혹한, 혹독한)
이다.

해석　잔인하고 친절하지 않은; (날씨나 상황이) 사람, 동물 그
리고 식물이 살기에 매우 어려운

3 해설　dynamic(활력 있는; 역동적인)은 형용사이다. ①
indeed는 부사이고 ⑤ evidence는 명사이다.

해석　서울은 세계에서 가장 역동적인 도시 중 하나이다.
① 정말, 참으로
② ~할 수 있는; 유능한
③ 효과적인, 효력 있는
④ 복잡한
⑤ 증거, 근거

4 해설　(1) 우리말 '만족하는'에 해당하는 형용사는 satisfied
로 나타낸다.
(2) 우리말 '속이 빈'에 해당하는 형용사는 hollow로 나타낸다.

해석　〈보기〉(속이) 빈 / 만족하는, 만족스러워하는 / 부정확
한, 틀린

5 해설　immediately는 '즉시, 즉각'이라는 뜻이다. '완전히,
전적으로'라는 뜻을 가진 단어는 completely이다.

6 해설　꿈의 집에서 가족이 느끼는 감정을 이야기하고 있고,
and 앞에 safe(안전한)라는 단어가 쓰였으므로 문맥상
comfortable(편안한)이 알맞다.

해석　나의 가족은 나에게 가장 중요한 것입니다. 내 꿈의 집
에서 나의 가족은 안전하고 편안하다고 느낍니다. 현관에서
여러분은 나의 가족사진이 있는 아름답게 디자인된 문패를 발
견할 수 있습니다. 여러분이 집에 들어서면, 여러분은 큰 거실
을 보게 될 것입니다. 나의 가족은 때때로 그곳에서 보드 게임
도 하고 노래를 부르기도 합니다. 그곳은 가족 소풍을 위한 큰
피크닉 테이블이 있는 정원을 갖게 될 것입니다. 그곳에서
우리는 바비큐 파티를 즐길 것입니다. 내 꿈의 집이 마음에 드
세요?

7 해설　(A) 학생들이 학교에 오갈 필요가 없어서 시간을 절약
할 수 있다는 장점을 언급하고 있으므로 빈칸에는 positive
(긍정적인)가 알맞다.
(B) 뒤에 친구들을 자주 만날 수 없다는 단점을 언급하고 있으
므로 빈칸에는 negative(부정적인)가 알맞다.

해석　30년 후에 학교생활은 지금과 매우 다를 것입니다. 위
치에 큰 변화가 있을 가능성이 있습니다. 학생들은 학교에 갈
필요가 없을 것입니다. 대신에 그들은 다양한 앱을 이용하여
집에서 공부할 것입니다.
그러한 변화의 한 가지 긍정적인 영향은 학생들이 학교에 갔
다가 돌아올 필요가 없으므로 시간을 절약할 수 있을 것입니
다. 하지만 몇 가지 부정적인 영향도 있을 수 있습니다. 예를
들어, 학생들은 그렇게 자주 친구들을 만날 수 없을 것입니다.
우리는 미래에 학교생활이 어떨 것인지 정확히 알 수 없지만
저는 그것이 지금만큼 재미있고 의미 있기를 희망합니다.
①, ③, ⑤ obvious: 분명한, 명백한

2주 창의·융합·코딩 전략 ❶ — pp. 66~67

A

1. **jealous** — ⓑ 선망하는; 질투하는
2. **previous** — ⓐ 이전의, 앞의; 직전의
3. **urgently** — ⓔ 급히, 다급하게
4. **excellent** — ⓒ 훌륭한, 우수한
5. **complicated** — ⓓ 복잡한

B

1. complicated   2. jealous

3. previous

C

인공의, 인공적인	내부의	잦은, 빈번한
artificial	internal	frequent

꾸준한; 안정적인	현실적인	만족하는, 만족스러워하는
steady	realistic	satisfied

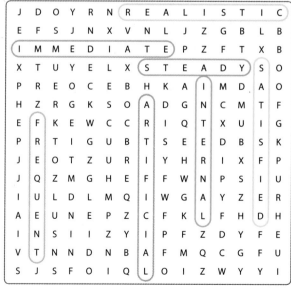

```
J D O Y R N R E A L I S T I C
E F S J N X V N L J Z G B L B
I M M E D I A T E P Z F T X B
X T U Y E L X S T E A D Y S O
P R E O C E B H K A I M D A O
H Z R G K S O A D G N C M T F
E F K E W C C R I Q T X U I G
P R T I G U B T S E E D B S K
J E O T Z U R I Y H R I X S P
J Q Z M G H E F F W N P S I U
I U L D L M Q I W G A Y Z E R
A E U N E P Z C F K L F H D H
I N S I I Z Y I P F Z D Y F E
V T N N D N B A F M Q C G F U
S J S F O I Q L O I Z W Y Y I
```

2주 창의·융합·코딩 전략 ❷ — pp. 68~69

D

1. accurate : 정확한
2. precious : 귀중한, 소중한
3. annual : 매년의, 연례의; 연간의
4. effective : 효과적인, 효력 있는
5. comfortable : 편안한
6. capable : ~할 수 있는; 유능한

E

1. accurate   2. effective

3. comfortable

F

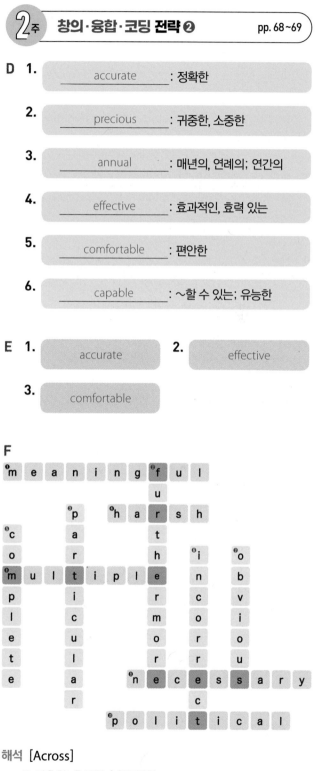

해석 [Across]
❹ 가혹한, 혹독한 / 활동적인

[Down]
❷ 정확한 / 더욱이, 게다가
❼ 이해하거나 알아차리기에 분명한 → 분명한, 명백한

신유형·신경향·서술형 전략   pp. 72~75

1 (A) focus   (B) imitate   2 contributed
3 (A) incorrect   (B) severe   4 (1) Furthermore
(2) necessary   5 (1) analyze   (2) establish
6 prohibited   7 (A) complicated   (B) negative
8 previous

1 **해설** (A) concentrate(집중하다)의 유의어는 focus이다.
(B) 동사가 와야 하므로 imitate가 알맞다. observation은
명사, embarrassed는 형용사이다.

2 **해설** 영영 풀이에 해당하는 단어는 contribute(기여하다,
공헌하다)이다. 빈칸 앞에 현재완료의 has가 쓰였으므로 과
거분사 contributed로 쓴다.

해석 어떤 일이 일어나게 만드는 데 중요한 역할을 하다
모두가 그 프로젝트의 성공에 기여해 왔다.

3 **해설** (A) correct(정확한)의 반의어는 incorrect(부정확한)
이다.
(B) harsh(가혹한, 혹독한)의 유의어는 severe이다.

4 **해설** (1) 앞 문장의 내용에 더하여 다른 내용을 언급하고 있
으므로 빈칸에는 Furthermore(더욱이, 게다가)가 알맞다.
(2) 문맥상 날씨가 너무 추울 때 작물을 보호하는 것이 '필요하
다'라는 의미가 적절하므로 빈칸에는 necessary가 알맞다.

해석 (1) 그 집은 아름답다. 게다가, 그것은 좋은 위치에 있다.
(2) A: 겨울에 작물을 보호해야 할까요?
B: 네. 날씨가 너무 추울 때는 그것이 필요해요.

5 **해설** (1) arrange(정리하다, 배열하다)와 arrangement
(정리, 배열)는 동사 – 명사인 파생어 관계이므로, 빈칸에는
analysis(분석)의 동사형인 analyze(분석하다)가 알맞다.
(2) delay(연기하다)와 postpone은 유의어 관계이므로, 빈
칸에는 found(설립하다)의 유의어인 establish가 알맞다.

6 **해설** 그림에서 동물원 직원이 원숭이에게 먹이를 주려는 관
광객을 제지하고 있으므로 allow(허락하다, 허용하다)를
prohibit(금하다, 금지하다)으로 바꿔야 하며, 수동태이므로
과거분사 prohibited로 쓴다.

해석 동물에게 먹이를 주는 것은 동물원 전역에서 허용된다
(→ 금지된다).

7 **해설** (A) complex(복잡한)의 유의어는 complicated이다.
(B) positive(긍정적인, 낙관적인)의 반의어는 negative(부
정적인)이다.

8 **해설** 영영 풀이에 해당하는 단어는 previous(이전의, 앞의;
직전의)이다.

해석 현재 시점이나 사건 이전에 일어 나거나 존재하는
그 결과는 이전의 결과와는 다르다.

적중 예상 전략 | ❶   pp. 76~79

1 ①   2 ①   3 ④   4 ②   5 ③   6 ⑤   7 ②
8 (1) separate   (2) migrate   9 (1) purchase
(2) confirm   10 ③   11 ②   12 ⑤   13 ②
14 (1) require   (2) analyze   15 (1) preserve
(2) investigate   16 (1) observe   (2) accept   17 ③
18 translated   19 ②

1 **해설** ①은 동사 – 형용사인 파생어 관계이고, 나머지는 모두
동사 – 명사인 파생어 관계이다.

해석 ① 의지(의존)하다; 신뢰하다 – 믿을(신뢰할) 수 있는
② 없애다, 제거하다 – 제거
③ 번역하다 – 번역
④ 관찰하다 – 관찰, 관측
⑤ 정리하다, 배열하다 – 정리, 배열

2 **해설** allow(허락하다, 허용하다)와 prohibit(금하다, 금지
하다)은 반의어 관계이므로 첫 번째 빈칸에는 accept(받아들
이다, 수락하다)의 반의어인 reject(거절하다, 거부하다)가 알
맞다.
restrict(제한하다, 한정하다)와 limit은 유의어 관계이므로
두 번째 빈칸에는 postpone(연기하다)의 유의어인 delay가
알맞다.

해석 허락하다, 허용하다 : 금하다, 금지하다 = 거절하다, 거
부하다 : 받아들이다, 수락하다
제한하다, 한정하다 / 연기하다
②, ④, ⑤ decline: 거절하다; 감소하다

③, ④, ⑤ approve: 찬성하다; 승인하다

3 해설 영영 풀이에 해당하는 단어는 ④ combine이다.

해석 둘이나 그 이상의 것들을 합하여 하나로 만들다
① 접근하다, 접속하다
② 습득하다, 얻다; 획득하다
③ 확인하다
④ 결합하다; 혼합하다
⑤ 나누다, 분리하다

4 해설 struggle(애쓰다, 고군분투하다)은 '어려운' 것을 해내기 위해 열심히 노력한다는 의미이므로 빈칸에는 ② difficult가 알맞다.

해석 매우 어려운 것 또는 문제를 일으키는 것을 해내기 위해 열심히 노력하다
① 지루한
② 어려운
③ 신나는
④ 성공한
⑤ 재미있는

5 해설 expose와 reveal은 유의어로 '드러내다'라는 뜻이다.

해석 그녀는 누구에게도 자신의 두려움을 드러내고 싶지 않았다.
① (액체에) 담그다, 적시다; 젖다
② 반대하다
③ 드러내다
④ 우연히 듣다, 엿듣다
⑤ 보호하다, 보존하다

6 해설 establish와 found는 유의어로 '설립하다'라는 뜻이다.

해석 그 병원은 전쟁 후 1950년대에 설립되었다.
① 집중된
② 요구된
③ 탐험된
④ 모방된
⑤ 설립된

7 해설 ② afford는 '~할 형편이 되다, 여유가 있다'라는 뜻이다. '~을 받을 만하다'라는 뜻을 가진 단어는 deserve이다.

8 해설 (1) 사진에서 두 개의 그릇에 달걀노른자와 달걀흰자를 '분리하고' 있으므로 빈칸에는 separate가 알맞다.
(2) 사진 속 연어가 강을 거슬러 '이동하고' 있으므로 빈칸에는 migrate가 알맞다.

해석 〈보기〉 위반하다, 어기다 / (동물이) 이동하다 / 나누다, 분리하다
(1) 우선, 당신은 달걀노른자와 달걀흰자를 분리해서 다른 그릇에 넣어야 한다.
(2) 연어는 산란을 위해 바다에서 강으로 이동한다.

어휘 yolk (달걀 등의) 노른자 white (달걀 등의) 흰자 ocean 대양, 바다 lay (알을) 낳다

9 해설 (1) 우리말 '구매하다'는 purchase로 나타낼 수 있다.
(2) 우리말 '확인하다'는 confirm으로 나타낼 수 있다.

해석 〈보기〉 확인하다 / 포함하다, 수반하다 / 구입〔구매〕하다

어휘 date 날짜 departure 출발

10 해설 (A) 문맥상 팀의 승리에 크게 '기여했다'라는 의미가 적절하므로 contributed가 알맞다. distribute는 '나누어 주다, 분배하다'라는 뜻이다.
(B) 문맥상 돈을 모두 잃었다는 사실이 그녀를 '좌절하게 했다'라는 의미가 적절하므로 frustrated가 알맞다. fascinate는 '마음을 사로잡다, 매혹하다'라는 뜻이다.
(C) 문맥상 폭탄이 '폭발했다'라는 의미가 적절하므로 exploded가 알맞다. explore는 '탐험하다, 탐사하다'라는 뜻이다.

해석 (A) 그 선수는 결승전에서 그의 팀 승리에 크게 기여했다.
(B) 모든 돈을 잃었다는 사실은 그녀를 좌절하게 했다.
(C) 근처 어딘가에서 폭탄이 폭발한 것 같았다.

어휘 victory 승리 final 결승전 bomb 폭탄

11 해설 문맥상 첫 번째 문장은 법을 '위반해서' 감옥에 갔다는 의미가 적절하고, 두 번째 문장은 규칙을 '어긴' 학생들이라는 의미가 적절하므로 빈칸에는 ② violate가 알맞다.

해석 그는 법을 위반해서 감옥에 갔다.
규칙을 어긴 학생들은 처벌을 받았다.
① 제한하다
② 위반하다, 어기다

③ 분석하다
④ 정리하다, 배열하다
⑤ 조사하다, 검토하다

어휘 prison 교도소, 감옥 punish 처벌하다

12 해설 문맥상 첫 번째 문장은 학생으로 '구성되어' 있다는 의미가 적절하고, 두 번째 문장은 600곡 넘게 '작곡했다'라는 의미가 적절하므로 빈칸에는 ⑤ compose가 알맞다.

해석 그 집단은 3개국에서 온 학생들로 구성되어 있다. 모차르트는 600곡이 넘는 음악을 작곡했다.
① (액체에) 담그다, 적시다; 젖다
② 선언하다, 선포하다
③ 관찰하다; (법 등을) 준수하다
④ 찬성하다; 승인하다
⑤ 구성하다; 작곡하다

13 해설 ②의 decline은 '거절하다'의 의미로 쓰였다.

해석 ① 우리는 핵무기의 사용을 반대한다.
② 나는 그녀의 파티 초대를 거절해야 했다.
③ 나는 2년 후에 직장에서 은퇴할 계획이다.
④ 그는 속도 제한을 어긴 것에 대해 벌금을 물게 되었다.
⑤ 나는 그가 그 상을 받을 자격이 있다고 생각하지 않는다.

어휘 nuclear weapon 핵무기 invitation 초대 fine 벌금을 물리다

14 해설 (1) 우리말 '요구하다'에 해당하는 단어는 require이므로 acquire(습득하다)를 require로 고쳐야 한다.
(2) 우리말 '분석하다'에 해당하는 단어는 analyze이므로 명사 analysis를 동사 analyze로 고쳐야 한다.

15 해설 (1) 그림과 문맥상 경찰 저지선은 현장을 '보존하기' 위해 만들어진다는 의미가 적절하므로 빈칸에는 preserve가 알맞다.
(2) 화재의 원인을 '조사하다'라는 의미가 적절하므로 빈칸에는 investigate가 알맞다.

해석 〈보기〉 보호하다, 보존하다 / 애쓰다, 고군분투하다 / 조사하다
(1) 경찰 저지선은 현장을 보존하기 위해 만들어진다.
(2) 경찰이 화재의 원인을 조사할 것이다.

어휘 police line 경찰 저지선 form 형성하다, 만들어 내다

16 해설 (1) 그림에서 두 소년은 소녀에게 별을 '관찰하자고' 제안하고 있으므로 deserve(~을 받을 자격이 있다)를 observe로 고쳐야 한다.
(2) 그림에서 소녀는 제안을 '수락하고' 있으므로 access(접근하다)를 accept로 고쳐야 한다.

해석 〈보기〉 관찰하다 / 동행하다, 동반하다 / 받아들이다, 수락하다
(1) 민수와 Brian은 Rose에게 오늘 밤에 별을 관찰하자고 하고 있다.
(2) Rose는 오늘 하늘이 맑아서 그들의 제안을 수락하고 있다.

17 해설 ⓐ involve는 '포함하다, 수반하다'라는 뜻이다. 뒤의 영영 풀이에 해당하는 단어는 decline(거절하다)이다.
ⓑ embarrass는 '당황하게(난처하게) 하다'라는 뜻으로, 뒤의 영영 풀이와 의미가 일치한다.
ⓒ overhear는 '우연히 듣다, 엿듣다'라는 뜻으로, 뒤의 영영 풀이와 의미가 일치한다.

해석 ⓐ 포함하다, 수반하다(→ 거절하다): 제안이나 초대를 공손하게 거절하다
ⓑ 당황스럽게(난처하게) 하다: 다른 사람들 앞에서 누군가를 불편하게 하거나 부끄럽게 만들다
ⓒ 우연히 듣다, 엿듣다: 대화를 우연히 듣다

어휘 refuse 거절하다 politely 공손히 proposal 제의, 제안 invitation 초대, 초청 conversation 대화 by accident 우연히

18 해설 시칠리아 작가가 글을 읽지도 쓰지도 못하는 여성이 그린 그림을 글로 '번역했다'라는 의미가 적절하므로 translated가 알맞다. focus는 '집중하다'라는 뜻이다.

해석 이 편지는 1973년 남편이 멀리 떨어져 있는 한 여성에 의해 쓰였다. 그녀의 남편은 독일에서 일한 반면, 그녀는 이탈리아의 섬인 시칠리아에 살았다. 그 당시 이탈리아 사람들의 5% 이상이 읽거나 쓸 수 없었고, 그녀는 그들 중 한 명이었다. 이 편지는 시칠리아의 작가 Gesualdo Bufalino에 의해 발견되었다. 그가 그 그림들을 어떻게 글로 번역했는지는 다음과 같다.

사랑하는 당신에게, 나는 당신이 매우 그립고 우리의 세 아이와 함께 당신을 향해 양팔을 뻗어요. 우리는 막내를 제외하고는 모두 건강해요. 그는 조금 아프지만, 심각하지는 않아요.

어휘 husband 남편   discover 발견하다
reach out (손 등을) 뻗다   except for ~을 제외하고
seriously 심각하게

19 해설 자연은 아름다운 곳이어서 예술가들이 작품에 대한 영감을 자연에서 얻는다는 내용의 글이다. 문맥상 예술이 자연을 '모방한다'라는 의미가 적절하므로 빈칸에는 ② imitates가 알맞다.

해석 '예술은 자연을 <u>모방한다</u>'라는 표현을 들어 본 적이 있는가? 많은 예술가들이 아이디어와 영감을 그들 주변의 세상에서 얻는다. 이는 자연계가 아름다운 곳이기 때문이다.
① 선언한다
② 모방한다
③ 조사한다
④ 정리한다
⑤ 애쓴다

어휘 expression 표현

적중 예상 전략 | ❷

pp. 80~83

1 ①, ③ 2 ④ 3 ③ 4 ① 5 ① 6 ④ 7 ③
8 (1) comfortable (2) proper 9 (1) immediately
(2) necessary 10 ② 11 ③ 12 ④ 13 ②
14 (1) completely (2) convenient 15 (1) satisfied
(2) uncomfortable 16 (1) internal (2) artificial
17 ④ 18 ④ 19 priceless

1 해설 〈보기〉는 형용사 – 명사인 파생어 관계로, 이와 같은 것은 ①, ③이다. ②, ④, ⑤는 모두 형용사이고, 반의어 관계이다.

해석 〈보기〉 필요한, 필수의 – 필수품
① 정치의, 정치적인 – 정치
② 맞는, 정확한 – 부정확한, 틀린
③ 분명한, 명백한 – 증거, 근거
④ 현실적인 – 비현실적인
⑤ 효과적인 – 효과 없는, 효력 없는

2 해설 fair(공정한, 공평한)와 unfair(불공정한, 불공평한)는 반의어 관계이므로 첫 번째 빈칸에는 negative(부정적인)의 반의어인 positive(긍정적인, 낙관적인)가 알맞다.
harsh(가혹한, 혹독한)와 severe는 유의어 관계이므로 두 번째 빈칸에는 complicated(복잡한)의 유의어인 complex가 알맞다.

해석 공정한, 공평한 : 불공정한, 불공평한 = 긍정적인, 낙관적인 : 부정적인
가혹한, 혹독한 / 복잡한
① 활동적인, 활발한 – 복잡한
② 분명한, 명백한 – 정신의, 마음의
③ 긍정적인, 낙관적인 – 효과적인, 효력 있는
④ 긍정적인, 낙관적인 – 복잡한
⑤ 만족하는, 만족스러워하는 – 활동적인

3 해설 영영 풀이에 해당하는 단어는 ③ multiple이다.

해석 하나 이상인, 수가 많은
① 분명한, 명백한
② 인공의, 인공적인
③ 다수의, 여럿의
④ 복잡한
⑤ 정확한

4 해설 capable(~할 수 있는; 유능한)은 '무언가를 할 능력이 있는'이라는 의미이므로 빈칸에는 ① ability가 알맞다.

해석 1. 무언가를 할 <u>능력</u>이 있는
2. 일을 매우 잘하는
① 능력
② 성공
③ 용기
④ 약점
⑤ 중요성

5 해설 accurate과 exact는 유의어로 '정확한'이라는 뜻이다.

해석 그는 정말 똑똑하다. 그는 계산이 <u>정확하다</u>.
① 정확한
② 적당한, 적절한
③ 내부의
④ 복잡한
⑤ 효과적인, 효력 있는

6 해설 envious와 jealous는 유의어로 '부러워하는, 선망하는'이라는 뜻이다.

해석 그녀는 아름다운 정원을 가지고 있고, 그녀의 친구들은 그녀를 부러워한다.
① 꾸준한; 안정적인
② 맞는, 정확한
③ (속이) 빈
④ 선망하는
⑤ 가치 없는, 쓸모없는

7 해설 ③ meaningful은 '의미 있는, 중요한'이라는 뜻이다.

8 해설 (1) 그림과 침대가 '편안해서' 바로 잠들었다는 내용이 어울리므로 빈칸에는 comfortable이 알맞다.
(2) 그림과 이를 닦는 '적절한' 방법을 보여준다는 내용이 어울리므로 빈칸에는 proper가 알맞다.

해석 〈보기〉 적당한, 적절한 / 정신의, 마음의 / 편안한
(1) 침대가 아주 편안해서 그는 곧바로 잠들었다.
(2) 이 영상은 이를 닦는 적절한 방법을 보여준다.

어휘 fall asleep 잠들다   right away 곧바로, 즉시

9 해설 (1) 우리말 '즉시'는 immediately로 나타낼 수 있다.
(2) 우리말 '필요한'은 necessary로 나타낼 수 있다.

해석 〈보기〉 완전한, 전부의 / 필요한, 필수의 / 즉시, 즉각

어휘 show up 나타나다

10 해설 (A) 문맥상 느리지만 '꾸준한' 진전이라는 의미가 적절하므로 steady가 알맞다. immediate는 '즉각적인, 당장의'라는 뜻이다.
(B) 문맥상 '지속적인' 연락이라는 의미가 적절하므로 constant가 알맞다. construct는 '건설하다'라는 뜻이다.
(C) 문맥상 기온이 '이전' 해들보다 높다는 의미가 적절하므로 previous가 알맞다. precious는 '귀중한, 소중한'이라는 뜻이다.

해석 (A) Roberto는 느리지만 꾸준한 진전을 이루어 왔다.
(B) 나는 가족과 지속적인 연락을 유지했다.
(C) 기온이 이전 해들보다 더 높다.

어휘 progress 발전, 진전   keep in contact with ~와

연락을 유지하다   temperature 온도, 기온

11 해설 문맥상 첫 번째 문장은 '정확한' 비밀번호라는 의미가 적절하고, 두 번째 문장은 '정확한' 답(정답)이라는 의미가 적절하므로 빈칸에는 ③ correct가 알맞다.

해석 계정에 접속하기 위해 정확한 비밀번호를 입력해라.
당신은 각각의 정답에 대해 3점을 받을 것이다.
① 꾸준한; 안정적인
② 정말, 참으로
③ 맞는, 정확한
④ 인공의, 인공적인
⑤ 이전의, 앞의; 직전의

어휘 password 비밀번호   account 계정

12 해설 문맥상 첫 번째 문장은 '부정적'으로 굴지 말라는 의미가 적절하고, 두 번째 문장은 '부정적인' 영향을 준다는 의미가 적절하므로 빈칸에는 ④ negative가 알맞다.

해석 부정적으로 굴지 말고 밝은 면을 봐라.
패스트푸드는 몸에 부정적인 영향을 줄 수 있다.
① 정신의, 마음의
② 분명한, 명백한
③ 잦은, 빈번한
④ 부정적인
⑤ 아주 귀중한, 값을 매길 수 없는

13 해설 ② fair는 '공정한, 공평한'이라는 뜻이다.

해석 ① 그녀가 그를 좋아하지 않는 것이 분명하다.
② 그에게 모든 일을 하도록 요청하는 것은 공정하지 않다.
③ 모든 것이 제대로 작동하는 것을 확인했니?
④ 그녀는 그녀가 들은 것을 친구에게 몹시 말하고 싶어 한다.
⑤ 그 축제는 아주 인기가 있어서 연례행사가 되었다.

어휘 popular 인기 있는

14 해설 (1) 우리말 '완전히'에 해당하는 단어는 completely이므로 형용사 complete(완전한)를 부사 completely로 고쳐야 한다.
(2) 우리말 '편리한'에 해당하는 단어는 convenient이므로 inconvenient(불편한)를 convenient로 고쳐야 한다.

15 **해설** (1) 그림에서 남자는 '만족스럽지' 않은 표정을 짓고 있으므로 빈칸에는 satisfied가 알맞다.
(2) 그림에서 남자는 셔츠가 꼭 끼어서 '불편해하고' 있으므로 빈칸에는 uncomfortable이 알맞다.

해석 〈보기〉 불편한 / 만족하는, 만족스러워하는 / 특정한
(1) 남자는 그의 셔츠에 만족스러워하지 않는다.
(2) 셔츠가 그에게 너무 꼭 끼어서 그는 매우 불편함을 느낀다.

어휘 tight (옷 등이) 꼭 끼는

16 **해설** (1) 그림에서 전시실 외벽이 아니라 내벽이 노란 색이므로, external(외부의)을 internal(내부의)로 고쳐야 한다.
(2) 그림에서 자연광이 아니라 인공조명이 조각품을 비추고 있으므로 natural(자연의)을 artificial(인공의)로 고쳐야 한다.

해석 (1) 전시실의 외부의(→ 내부의) 벽은 노란색으로 칠해져 있었다.
(2) 자연(→ 인공)조명이 조각품에 비친다.

어휘 exhibit room 전시실   shine 빛나다; (불빛 등을) 비추다   sculpture 조각품

17 **해설** 앞에 행복 호르몬인 세로토닌의 효과를 언급하고 있고, 뒤에 한 가지 효과를 추가하여 언급하고 있으므로 빈칸에는 ④ Moreover가 알맞다.

해석 모든 사람들은 해가 비칠 때 더 행복하게 느낍니다. 이것은 몸의 행복 호르몬인 세로토닌 때문입니다. 여러분이 햇볕을 쬘수록 뇌는 '행복 호르몬'을 더 만들어냅니다. 여러분의 세로토닌 수치가 높아지면, 여러분은 더 행복하고 건강하게 느낍니다. 이것은 여러분이 매일의 스트레스를 이겨 내는 데 도움을 줍니다.
세로토닌은 또한 진정 효과가 있고, 여러분이 하는 일에 더 잘 집중할 수 있도록 도와줍니다. 게다가, 세로토닌은 뇌가 수면 호르몬을 생성하도록 도와주기 때문에 여러분이 숙면을 취하도록 해 줍니다.
① 정말, 참으로
② 급히, 다급하게
③ 적절히, 제대로
④ 더욱이, 게다가
⑤ 완전히, 전적으로

어휘 calming effect 진정 효과

18 **해설** ⓐ hollow는 '(속이) 빈'이라는 뜻으로, 뒤의 영영 풀이와 의미가 일치한다.
ⓑ severe는 '가혹한, 혹독한'이라는 뜻으로, 뒤의 영영 풀이와 의미가 일치한다.
ⓒ active는 '활동적인, 활발한'이라는 뜻으로, 뒤의 영영 풀이와 의미가 일치한다.

해석 ⓐ (속이) 빈: 안에 빈 공간이 있는
ⓑ 가혹한, 혹독한: 매우 나쁘고 극심한, 해를 끼칠 것 같은
ⓒ 활동적인, 활발한: 많은 에너지를 가지고 많은 활동을 하는

어휘 likely ~할 것 같은   cause 야기하다, 초래하다

19 **해설** Boggis 씨가 작은 마을의 순진한 주민들에게 가치 있는 가구를 싸게 사들이는데, 어느 일요일에 방문한 집에서 그런 가구를 발견한다는 내용의 글이다. 문맥상 '아주 귀중한' 18세기 영국 가구라는 의미가 적절하므로 priceless가 알맞다. worthless는 '가치 없는, 쓸모없는'이라는 뜻이다.

해석 Boggis 씨의 비밀은 간단했다. 그는 일요일마다 작은 마을에 가서 문을 두드렸다. 그는 사람들에게 본인이 가구 거래상이라고 말했다. 사람들은 그들의 물건이 얼마나 가치 있는지 알지 못했고, Boggis 씨는 그들을 이용했다. 그는 물건을 매우 값싸게 구입할 수 있었다.

(…)

"저는 오래된 가구를 삽니다. 뭐 좀 있나요?" Boggis 씨가 물었다.
"아니, 없소." Rummins가 말했다.
"제가 그냥 한번 봐도 될까요?" Boggis 씨가 물었다.
"물론이오. 들어오시오." Rummins가 말했다.
Boggis 씨는 우선 부엌으로 갔는데, 그곳에는 아무것도 없었다. 그런 다음 그는 거실로 이동했다. 그리고 그곳에 그것이 있었다! 아주 귀중한 18세기 영국 가구인 탁자가. 그는 너무 흥분해서 거의 넘어질 뻔했다.

어휘 secret 비밀; 비결   knock 두드리다, 노크하다 furniture dealer 가구상   valuable 소중한, 귀중한 take advantage of ~을 이용하다   take a look (한번) 보다

첫!

내 성적의
비밀에는
이유가 있어

기본 탄탄 나의 첫 중학 내신서

체크체크 전과목 시리즈

국어

공통편·교과서편/학기서

모든 교과서를 분석해 어떤 학교의
학생이라도 완벽 내신 대비

수학

학기서

쉬운 개념부터 필수 개념 문제를
반복 학습하는 베스트셀러

사회·역사
과학

학기서/연간서

전국 기출 문제를 철저히 분석한
학교 시험 대비의 최강자

영어

학기서

새 영어 교과서의 어휘/문법/독해
대화문까지 반영한 실전 대비서

정답은
이안에
있어！

배움으로 행복한 내일을 꿈꾸는
천재교육 커뮤니티 안내 ...

교재 안내부터 구매까지 한 번에!
천재교육 홈페이지

자사가 발행하는 참고서, 교과서에 대한 소개는 물론
도서 구매도 할 수 있습니다. 회원에게 지급되는 별을 모아
다양한 상품 응모에도 도전해 보세요!

다양한 교육 꿀팁에 깜짝 이벤트는 덤!
천재교육 인스타그램

천재교육의 새롭고 중요한 소식을 가장 먼저 접하고 싶다면?
천재교육 인스타그램 팔로우가 필수!
깜짝 이벤트도 수시로 진행되니 놓치지 마세요!

수업이 편리해지는
천재교육 ACA 사이트

오직 선생님만을 위한, 천재교육 모든 교재에 대한 정보가 담긴
아카 사이트에서는 다양한 수업자료 및 부가 자료는 물론
시험 출제에 필요한 문제도 다운로드하실 수 있습니다.

https://aca.chunjae.co.kr

천재교육을 사랑하는 샘들의 모임
천사샘

학원 강사, 공부방 선생님이시라면 누구나 가입할 수 있는 천사샘!
교재 개발 및 평가를 통해 교재 검토진으로 참여할 수 있는 기회는 물론
다양한 교사용 교재 증정 이벤트가 선생님을 기다립니다.

아이와 함께 성장하는 학부모들의 모임공간
튠맘 학습연구소

튠맘 학습연구소는 초·중등 학부모를 대상으로 다양한 이벤트와 함께
교재 리뷰 및 학습 정보를 제공하는 네이버 카페입니다.
초등학생, 중학생 자녀를 둔 학부모님이라면 튠맘 학습연구소로 오세요!

book.chunjae.co.kr

교재 내용 문의 ·············· 교재 홈페이지 ▶ 중학 ▶ 교재상담
교재 내용 외 문의 ·············· 교재 홈페이지 ▶ 고객센터 ▶ 1:1문의
발간 후 발견되는 오류 ············ 교재 홈페이지 ▶ 중학 ▶ 학습지원 ▶ 학습자료실

53740

9 791125 970774
ISBN 979-11-259-7077-4

정가 15,000원

어휘

영어전략

중학3

시험에 잘 나오는

개념BOOK 2

천재교육

어휘

영어전략
중학 3

시험에 잘 나오는
개념BOOK 2

개념BOOK 하나면
영어 공부 끝!

BOOK 2

1주

동사 2

01	imitate | decline	04
02	confirm | purchase	05
03	afford | struggle	06
04	access | involve	07
05	retire | soak	08
06	accompany | consume	09
07	overhear | compose	10
08	declare | manufacture	11
09	rely - reliable | observe - observation	12
10	allow - prohibit | delay - postpone	13
11	expose - reveal | require - acquire	14
12	translate - translation | analyze - analysis	15
13	approve - oppose | concentrate - focus	16
14	investigate - examine | contribute - distribute	17
15	arrange - arrangement | remove - removal	18
16	separate - combine | restrict - limit	19
17	violate - break | deserve - preserve	20
18	migrate - migrant | embarrass - embarrassed	21
19	reject - accept | establish - found	22
20	explode - explore | frustrate - fascinate	23

차례

2주

형용사와 부사

21 particular | excellent ⸺⸺⸺⸺⸺ 24

22 obvious | eager ⸺⸺⸺⸺⸺⸺ 25

23 hollow | artificial ⸺⸺⸺⸺⸺⸺ 26

24 multiple | urgently ⸺⸺⸺⸺⸺ 27

25 indeed | annual ⸺⸺⸺⸺⸺⸺ 28

26 meaningful | frequent ⸺⸺⸺⸺ 29

27 mental | steady ⸺⸺⸺⸺⸺⸺ 30

28 capable | dynamic ⸺⸺⸺⸺⸺ 31

29 complete - completely | satisfied - satisfy ⸺ 32

30 priceless - worthless | fair - unfair ⸺ 33

31 complex - complicated | harsh - severe ⸺ 34

32 immediate - immediately | necessary - necessity ⸺ 35

33 comfortable - uncomfortable | realistic - unrealistic ⸺ 36

34 active - energetic | previous - precious ⸺ 37

35 proper - properly | political - politics ⸺ 38

36 convenient - inconvenient | positive - negative ⸺ 39

37 effective - ineffective | accurate - exact ⸺ 40

38 evident - evidence | correct - incorrect ⸺ 41

39 external - internal | furthermore - moreover ⸺ 42

40 jealous - envious | constant - construct ⸺ 43

imitate | decline

- **imitate** 동 [**①**]; 흉내 내다

Computers can't imitate the human brain.

➡ 컴퓨터는 인간의 두뇌를 **모방**할 수 없다.

© jiris / Shutterstock

- **decline** 동 [**②**]; 감소하다

I offered him food, but he declined to have it.

➡ 나는 그에게 음식을 제공했지만, 그는 그것을 먹는 것을 **거절했다**.

답 **①** 모방하다 **②** 거절하다

개념 CHECK

우리말을 참고하여 빈칸에 알맞은 단어를 쓰시오.

- People try to _____ nature.
  사람들은 자연을 모방하려 한다.

답 imitate

02   confirm | purchase

* confirm   통 ❶ [   ]

I'll call and confirm my reservation.

➡ 나는 전화해서 예약을 확인할 것이다.

© Supermop / Shutterstock

* purchase   통 구입(구매)하다   명 ❷ [   ], 구매

If you purchase it through the app, it is much cheaper.

➡ 앱을 통해 그것을 구입하면, 훨씬 더 저렴하다.

© Stanisic Vladimir / Shutterstock

답 ❶ 확인하다 ❷ 구입

개념 CHECK

우리말을 참고하여 빈칸에 알맞은 단어를 쓰시오.

* They will _____ the tickets to the concert.

그들은 콘서트 표를 구매할 것이다.

답 purchase

- **afford**

동 ~할 형편이 되다, **①** [_____]

I can't afford to buy a new laptop.

➡ 나는 새 노트북 컴퓨터를 살 **형편이 안 된다.**

© zentilia / Shutterstock

- **struggle**

동 **②** [_____], 고군분투하다

He is struggling with a suitcase.

➡ 그는 여행 가방을 가지고 **고군분투하고 있다.**

답 ❶ 여유가 있다 ❷ 애쓰다

개념 CHECK

우리말을 참고하여 빈칸에 알맞은 단어를 쓰시오.

- She cannot _____ to enjoy her vacation.

그녀는 휴가를 즐길 여유가 없다.

답 afford

• access ⟨동⟩ ❶ [_____], 접속하다 ⟨명⟩ 접근

To access the website, you need to
create a username and password.

➡ 그 웹사이트에 **접속하려면**, 사용자명과 비밀번호를 만들어야
한다.

© Webspark / Shutterstock

• involve ⟨동⟩ ❷ [_____], 수반하다

This tour involves a lot of walking.

➡ 이 관광은 많은 도보 여행을 **포함한다**.

© sirtravelalot / Shutterstock

⟨답⟩ ❶ 접근하다 ❷ 포함하다

개념 CHECK

우리말을 참고하여 빈칸에 알맞은 단어를 쓰시오.

• All the rooms have _____ to the Internet.
모든 객실에서 인터넷 접속이 가능하다.

⟨답⟩ access

05 retire | soak

- **retire** 동 **①**⬚⬚⬚⬚⬚⬚ , 퇴직하다

> **He will retire at the age of 65.**
>
> ➡ 그는 65세에 은퇴할 것이다.
>
>
>
> ⓒ kudla / Shutterstock

- **soak** 동 (액체에) **②**⬚⬚⬚⬚⬚⬚ , 적시다; 젖다

> **I soaked a cookie in coffee.**
>
> ➡ 나는 쿠키를 커피에 적셨다.
>
>
>
> ⓒ Elena Shashkina / Shutterstock

답 ❶ 은퇴하다 ❷ 담그다

개념 CHECK

우리말을 참고하여 빈칸에 알맞은 단어를 쓰시오.

- She is planning to _____ from teaching.

  그녀는 교직에서 은퇴할 계획이다.

답 retire

06 accompany | consume

- **accompany** 동 ❶ [   ], 동반하다

  She accompanied the man on the trip.

  ➡ 그녀는 그 여행에 그 남자와 **동행했다**.

  © Lisa S. / Shutterstock

- **consume** 동 ❷ [   ], 소모하다

  This product consumes less electricity.

  ➡ 이 제품은 전기를 덜 소비한다.

답 ❶ 동행하다 ❷ 소비하다

개념 CHECK

우리말을 참고하여 빈칸에 알맞은 단어를 쓰시오.

- This process will _____ lots of energy.

  이 과정은 많은 에너지를 소모할 것이다.

답 consume

- overhear　　　동 ❶ [　　　　　], 엿듣다

She overheard a conversation.

➡ 그녀는 대화를 우연히 들었다.

- compose　　　동 구성하다; ❷ [　　　　　]

The solar system is composed of the sun and planets.

➡ 태양계는 태양과 행성들로 **구성되어** 있다.

© AlexLMX / Shutterstock

답 ❶ 우연히 듣다 ❷ 작곡하다

개념 CHECK

우리말을 참고하여 빈칸에 알맞은 단어를 쓰시오.

- Beethoven _____d nine symphonies in his lifetime.

베토벤은 평생 9개의 교향곡을 작곡했다.

답 compose

- **declare** 동 [① _____], 선포하다

We declare independence from them.

➡ 우리는 그들로부터 독립을 선언합니다.

- **manufacture** 동 제조하다, [② _____]

This factory manufactures cookies.

➡ 이 공장은 쿠키를 생산한다.

© Getty Images Bank

답 ❶ 선언하다 ❷ 생산하다

개념 CHECK

우리말을 참고하여 빈칸에 알맞은 단어를 쓰시오.

- The company _____ s a variety of products.

  그 회사는 다양한 상품을 제조한다.

답 manufacture

09 rely - reliable | observe - observation

- **rely**   동 (~ on) ① [　　　　]; 신뢰하다
- **reliable**   형 믿을(신뢰할) 수 있는

Kittens totally | rely / reliable | on their mothers.

➡ 새끼 고양이는 어미에게 전적으로 **의존한다.**

© Happy monkey / Shutterstock

- **observe**   동 관찰하다; (법 등을) 준수하다
- **observation**   명 ② [　　　　], 관측

He'll | observe / observation | a bird on a branch.

➡ 그는 나뭇가지 위의 새를 **관찰할** 것이다.

답 ❶ 의지(의존)하다 ❷ 관찰

개념 CHECK

우리말을 참고하여 빈칸에 알맞은 단어를 쓰시오.

- We should make friends with _____ people.

  우리는 믿을 수 있는 사람들과 친구가 되어야 한다.

답 reliable

10 allow – prohibit | delay – postpone

- **allow** 통 허락하다, 허용하다
- **prohibit** 통 금하다, ❶ [   ]

Smoking is | allow / prohibited | here.

➡ 이곳에서는 흡연이 금지되어 있다.

© Yuliya Evstratenko / Shutterstock

- **delay** 통 ❷ [   ], 지연시키다 명 연기, 지연
- **postpone** 통 연기하다, 미루다

The show was delayed(postponed) for thirty minutes.

➡ 공연이 30분 동안 지연되었다.

© SCOTTCHAN / Shutterstock

답 ❶ 금지하다 ❷ 연기하다

개념 CHECK

우리말을 참고하여 빈칸에 알맞은 단어를 쓰시오.

- The picnic was _____(e)d due to the rain.

  비 때문에 소풍이 연기되었다.

답 delay (postpone)

expose - reveal | require - acquire

- **expose**   동 드러내다; **❶** [　　　　　]
- **reveal**   동 드러내다

He smiled and exposed(revealed) his teeth.

➡ 그는 미소 지으며 그의 치아를 드러냈다.

© VaLiza / Shutterstock

- **require**   동 필요하다, 요구하다
- **acquire**   동 습득하다, 얻다; **❷** [　　　　　]

Puppies | require / acquire | lots of care and attention.

➡ 강아지는 많은 보살핌과 관심을 필요로 한다.

답 ❶ 노출시키다 ❷ 획득하다

개념 CHECK

우리말을 참고하여 빈칸에 알맞은 단어를 쓰시오.

- She _____s knowledge from books.

  그녀는 책을 통해 지식을 습득한다.

답 acquire

translate – translation | analyze – analysis

- **translate** 〔동〕 ❶ [_____]
- **translation** 〔명〕 번역

The story has been [translated / translation] into 38 languages.

➡ 그 이야기는 38개 언어로 **번역**되었다.

- **analyze** 〔동〕 ❷ [_____]
- **analysis** 〔명〕 분석

They collected and [analyzed / analysis] the data.

➡ 그들은 데이터를 모으고 **분석**했다.

© phipatbig / Shutterstock

〔답〕 ❶ 번역하다 ❷ 분석하다

개념 CHECK

우리말을 참고하여 빈칸에 알맞은 단어를 쓰시오.

• The results of the study will be _____d by a computer.
연구 결과는 컴퓨터로 분석될 것이다.

〔답〕 analyze

- approve 동 [❶]; 승인하다
- oppose 동 반대하다

We approve of / oppose the plan.

➡ 우리는 그 계획에 반대한다.

© Yurlick / Shutterstock

- concentrate 동 집중하다
- focus 동 [❷]

The music is too loud, so I can't

concentrate(focus) on my studies.

➡ 음악 소리가 너무 커서 나는 공부에 집중할 수 없다.

目 ❶ 찬성하다 ❷ 집중하다

개념 CHECK

우리말을 참고하여 빈칸에 알맞은 단어를 쓰시오.

- Not everyone _____(e)d of the proposal.

모두가 그 제안에 찬성하는 것은 아니었다.

目 approve

14   investigate – examine | contribute – distribute

- **investigate**   동 **❶** _____
- **examine**   동 조사하다, 검토하다

> He investigates(examines) the effects of pollution on health.
>
> ➡ 그는 오염이 건강에 미치는 영향을 조사한다.
>
>
> © Againn Again / Shutterstock

- **contribute**   동 (~ to) 기여하다, 공헌하다
- **distribute**   동 나누어 주다, **❷** _____

> The new technology can | contribute / distribute | to solving problems.
>
> ➡ 그 신기술은 문제 해결에 **기여할** 수 있다.
>
>
> © Sergey Nivens / Shutterstock

답 ❶ 조사하다 ❷ 분배하다

개념 CHECK

우리말을 참고하여 빈칸에 알맞은 단어를 쓰시오.

- They will _____ the impact of smoking on the young.

  그들은 흡연이 젊은이들에게 미치는 영향을 조사할 것이다.

답 investigate(examine)

arrange - arrangement | remove - removal

- **arrange** 동 **①** [　　　　], 배열하다
- **arrangement** 명 정리, 배열; 준비

The books are well arranged / arrangement on the shelves.

➡ 그 책들은 책장에 잘 **정리되어** 있다.

© Aleksandr Pasechnik / Shutterstock

- **remove** 동 없애다, **②** [　　　　]
- **removal** 명 제거

He needs to remove / removal the snow from the yard.

➡ 그는 마당에 쌓인 눈을 **치워야** 한다.

© Elena Elisseeva / Shutterstock

답 ❶ 정리하다 ❷ 제거하다

개념 CHECK

우리말을 참고하여 빈칸에 알맞은 단어를 쓰시오.

- Red wine stains are difficult to _____ .
  적포도주 얼룩은 제거하기 어렵다.

답 remove

16 separate – combine | restrict – limit

- **separate** 동 [①⬜⬜⬜], 분리하다 형 분리된
- **combine** 동 결합하다; 혼합하다

[Separate / Combine] the egg yolk from the egg white into different bowls.

© iva / Shutterstock

➡ 달걀노른자와 달걀흰자를 다른 그릇에 **분리해라.**

- **restrict** 동 [②⬜⬜⬜], 한정하다
- **limit** 동 제한하다 명 제한

The speed is restricted(limited) to 60 kilometers an hour here.

➡ 이곳에서는 속도가 시속 60km로 **제한되어** 있다.

답 ❶ 나누다 ❷ 제한하다

개념 CHECK

우리말을 참고하여 빈칸에 알맞은 단어를 쓰시오.

- This museum _____s the number of visitors per day.
  이 박물관은 하루 방문자 수를 제한한다.

답 restrict(limit)

17 violate - break | deserve - preserve

- **violate**   동 **❶** [   ], 어기다

- **break**   동 위반하다, 어기다; 깨다, 부수다

If you violate(break) the rules, you will be punished.

➡ 규칙을 **위반하면**, 너는 처벌받을 것이다.

- **deserve**   동 ～을 받을 만하다, ～할 자격이 있다

- **preserve**   동 **❷** [   ], 보존하다

We need to `deserve / preserve` the environment.

➡ 우리는 환경을 **보호해야** 한다.

© Getty Images Korea

답 ❶ 위반하다 ❷ 보호하다

개념 CHECK

우리말을 참고하여 빈칸에 알맞은 단어를 쓰시오.

- He _____s praise for his courage.

  그의 용기는 칭찬을 받을 만하다.

답 deserve

- **migrate**   통 (동물이) **❶** ⬚⬚⬚⬚ ; (사람이) 이주하다
- **migrant**   명 이주자

These birds | migrate / migrant | from another country every year.

➡ 이 새들은 매년 다른 나라에서 **이동해** 온다.

- **embarrass**   통 당황스럽게〔난처하게〕 하다
- **embarrassed**   형 당황스러운, **❷** ⬚⬚⬚⬚

He spilled water and got | embarrass / embarrassed | by it.

➡ 그는 물을 엎질렀고 그로 인해 **당황했다.**

답 ❶ 이동하다 ❷ 난처한

개념 CHECK

우리말을 참고하여 빈칸에 알맞은 단어를 쓰시오.

- The ＿＿＿＿＿＿ comes from Poland.

그 이주자는 폴란드 출신이다.

답 migrant

19   reject - accept | establish - found

- **reject**   동 거절하다, 거부하다
- **accept**   동 받아들이다, **❶** [　　　　]

He [rejected / accepted] her invitation to the party.

➡ 그는 그녀의 파티 초대를 수락했다.

- **establish**   동 **❷** [　　　　], 세우다
- **found**   동 설립하다

The hospital was established(founded) in 1990.

➡ 그 병원은 1990년에 설립되었다.

답 ❶ 수락하다 ❷ 설립하다

개념 CHECK

우리말을 참고하여 빈칸에 알맞은 단어를 쓰시오.

- He decided to ＿＿＿＿＿＿ their offer.

  그는 그들의 제안을 거절하기로 결정했다.

답 reject

- **explode** 동 [**❶**], 폭파시키다
- **explore** 동 탐험하다, 탐사하다

Scuba diving is an exciting way to
[explode / explore] the ocean.

➡ 스쿠버 다이빙은 바다를 **탐험하는** 흥미진진한 방법이다.

© Sergiy Zavgorodny / Shutterstock

- **frustrate** 동 좌절감을 주다
- **fascinate** 동 마음을 사로잡다, [**❷**]

The Pyramids [frustrated / fascinated]
all the tourists.

➡ 피라미드는 모든 관광객들의 **마음을 사로잡았다.**

© Abdoabdalla / Shutterstock

답 **❶** 폭발하다 **❷** 매혹하다

개념 CHECK

우리말을 참고하여 빈칸에 알맞은 단어를 쓰시오.

- It _____d him that he wasn't able to find a job.
  일자리를 찾을 수 없다는 것이 그를 좌절하게 했다.

답 frustrate

21 particular | excellent

- particular 형 **①** _____

> She picked a particular doughnut.
>
> ➡ 그녀는 **특정한** 도넛을 골랐다.

- excellent 형 훌륭한, **②** _____

> This bike is in excellent condition.
>
> ➡ 이 자전거는 **훌륭한** 상태이다.

© Vladyslav Starozhylov / Shutterstock

답 ❶ 특정한 ❷ 우수한

개념 CHECK

우리말을 참고하여 빈칸에 알맞은 단어를 쓰시오.

- I have no _____ reason for disliking her.

  나는 그녀를 싫어할 특정한 이유가 없다.

답 particular

22   obvious | eager

• obvious   형 분명한, **❶** [   ]

It's obvious that something is wrong
with that tree.

➡ 저 나무는 뭔가 잘못된 것이 분명하다.

• eager   형 **❷** [   ], 간절히 바라는

I was eager to win the medal.

➡ 나는 메달을 따기를 간절히 바랐다.

© Valerii Evlakhov / Shutterstock

답 **❶** 명백한 **❷** 열렬한

개념 CHECK

우리말을 참고하여 빈칸에 알맞은 단어를 쓰시오.

• He is _____ to learn how to ride a bike.

그는 자전거 타는 법을 간절히 배우고 싶어 한다.

답 eager

23 hollow | artificial

- **hollow** 형 (속이) **①** [   ]

A guitar has a hollow body.

➡ 기타는 **속이 빈** 몸체를 가지고 있다.

© AlexMaster / Shutterstock

- **artificial** 형 인공의, **②** [   ]

Artificial coloring are used in these cakes.

➡ 이 케이크에는 **인공** 색소가 사용되었다.

© Ruth Black / Shutterstock

답 ① 빈 ② 인공적인

개념 CHECK

우리말을 참고하여 빈칸에 알맞은 단어를 쓰시오.

- We have developed robots with _____ intelligence.

  우리는 인공 지능을 가진 로봇을 개발해 왔다.

답 artificial

multiple | urgently

• **multiple**   형 ❶ [   ], 여럿의

I made tulips by folding colored papers multiple times.

➡ 나는 색종이를 **여러** 번 접어서 튤립을 만들었다.

• **urgently**   부 ❷ [   ], 다급하게

He ran urgently not to miss the bus.

➡ 그는 버스를 놓치지 않으려고 **다급하게** 달렸다.

답 ❶ 다수의 ❷ 급히

개념 CHECK

우리말을 참고하여 빈칸에 알맞은 단어를 쓰시오.

• I _____ need your help.

저는 당신의 도움이 급히 필요합니다.

답 urgently

- indeed 　　부 **❶** [　　　　] , 참으로

His new song is great indeed.

➡ 그의 새 노래는 **정말** 대단하다.

© Aleutie / Shutterstock

- annual 　　형 **❷** [　　　　] , 연례의; 연간의

The fireworks festival is an annual event.

➡ 그 불꽃놀이 축제는 **연례**행사이다.

© Guitar photographer / Shutterstock

답 **❶** 정말 **❷** 매년의

개념 CHECK

우리말을 참고하여 빈칸에 알맞은 단어를 쓰시오.

- I was very sad _____ to hear of your accident.
  나는 네 사고 소식을 듣고 정말 매우 슬펐어.

답 indeed

26 meaningful | frequent

• **meaningful** 혱 **❶**⬚⬚⬚⬚⬚, 중요한

The photos are very meaningful to my
grandfather.

➡ 그 사진들은 할아버지께 아주 **의미가** 있다.

© LiliGraphie / Shutterstock

• **frequent** 혱 잦은, **❷**⬚⬚⬚⬚⬚

I'm a frequent visitor to the library.

➡ 나는 도서관에 **자주** 방문하는 사람이다.

탭 ❶ 의미 있는 ❷ 빈번한

개념 CHECK

우리말을 참고하여 빈칸에 알맞은 단어를 쓰시오.

• Independence Day is very _____ to them.

독립 기념일은 그들에게 매우 의미가 있다.

탭 meaningful

- **mental** 형 ❶ [＿＿＿＿], 마음의

Mental activity doesn't stop when we sleep.

➡ 정신 활동은 우리가 잘 때도 멈추지 않는다.

- **steady** 형 꾸준한; ❷ [＿＿＿＿]

The chart shows a steady rise in the cost of living.

➡ 도표는 생활비에서 **꾸준한** 증가세를 보여주고 있다.

⟨The Cost of Living⟩

MARCH APRIL MAY JUNE JULY

답 ❶ 정신의 ❷ 안정적인

개념 CHECK

우리말을 참고하여 빈칸에 알맞은 단어를 쓰시오.

- The city has experienced a ＿＿＿＿＿＿＿＿ growth in its population.

그 도시는 인구의 꾸준한 증가를 겪어 왔다.

답 steady

capable | dynamic

• capable 　　　　형 ~할 수 있는; **①**

She is capable of playing the piano.

➡ 그녀는 피아노를 칠 수 있다.

© Africa Studio / Shutterstock

• dynamic 　　　　형 **②** ; 역동적인

Singapore is one of the most dynamic
countries in the world.

➡ 싱가포르는 세계에서 가장 **역동적인** 나라 중 하나이다.

© Vichy Deal / Shutterstock

답 **①** 유능한 **②** 활력 있는

개념 CHECK

우리말을 참고하여 빈칸에 알맞은 단어를 쓰시오.

• The vehicle is _____ of carrying 50 passengers.

　그 자동차는 승객 50명을 태울 수 있다.

답 capable

- **complete** 　형 **❶** [　　　], 전부의　동 완료하다, 끝마치다
- **completely** 　부 완전히, 전적으로

The library has a | complete / completely | set of his novels.

➡ 그 도서관은 그의 소설 **전집**을 보유하고 있다.

© DavidPinoPhotography / Shutterstock

- **satisfied** 　형 만족하는, 만족스러워하는
- **satisfy** 　동 **❷** [　　　]

He is | satisfied / satisfy | with his new shirt.

➡ 그는 새 셔츠에 **만족스러워하고** 있다.

답 ❶ 완전한 ❷ 만족시키다

개념 CHECK

우리말을 참고하여 빈칸에 알맞은 단어를 쓰시오.

- She and her sister are _____ different in character.

  그녀와 그녀의 여동생은 성격이 완전히 다르다.

답 completely

30 priceless - worthless | fair - unfair

- priceless　　　圈 아주 귀중한, 값을 매길 수 없는
- worthless　　　圈 가치 없는, ❶ [　　　　　]

If we recycle plastic, it isn't priceless / worthless .

➡ 우리가 플라스틱을 재활용하면, 그것은 **쓸모없지** 않다.

© Getty Images Korea

- fair　　　　　　圈 공정한, ❷ [　　　　　]　　圀 박람회
- unfair　　　　　圈 불공정한, 불공평한

It is fair / unfair to give her a bigger piece of cake.

➡ 그녀에게 더 큰 케이크 조각을 주는 것은 **불공평하다**.

답 ❶ 쓸모없는 ❷ 공평한

개념 CHECK

우리말을 참고하여 빈칸에 알맞은 단어를 쓰시오.

* It isn't _____ to give them one more chance.
  그들에게 한 번 더 기회를 주는 것은 공평하지 않다.

답 fair

31 complex - complicated | harsh - severe

- **complex** 형 **❶** ⬚
- **complicated** 형 복잡한

It's complex(complicated) to describe how to get there.

➡ 그곳에 가는 방법을 설명하기가 **복잡하다**.

- **harsh** 형 가혹한, 혹독한
- **severe** 형 **❷** ⬚, 혹독한

The plant survives in the harsh(severe) environment of the desert.

➡ 그 식물은 사막의 **혹독한** 환경에서 살아남는다.

© Ilyshev Dmitry / Shutterstock

답 ❶ 복잡한 ❷ 가혹한

개념 CHECK

우리말을 참고하여 빈칸에 알맞은 단어를 쓰시오.

- This washing machine is _____ to use.

  이 세탁기는 사용하기에 복잡하다.

답 complex(complicated)

immediate - immediately | necessary - necessity

- **immediate** 형 [①   ], 당장의
- **immediately** 부 즉시, 즉각

He stepped on the brakes immediate / immediately after he saw the sign.

➡ 그는 표지판을 본 후 즉시 브레이크를 밟았다.

© Kaspri / Shutterstock

- **necessary** 형 필요한, 필수의
- **necessity** 명 [②   ]

These days the smartphone is a daily necessary / necessity.

➡ 요즘 스마트폰은 생활필수품이다.

© Getty Images Bank

답 ❶ 즉각적인 ❷ 필수품

개념 CHECK

우리말을 참고하여 빈칸에 알맞은 단어를 쓰시오.

- Oxygen is _____ for all forms of life to survive.

  산소는 모든 형태의 생명체가 생존하는 데 필수이다.

답 necessary

- comfortable   📙형 편안한
- uncomfortable   📙형 ❶ [   ]

The cushion was so [comfortable /
uncomfortable] that he soon fell asleep.

➡ 방석이 아주 **편안해서** 그는 곧 잠들었다.

- realistic   📙형 ❷ [   ]
- unrealistic   📙형 비현실적인

It's not [realistic / unrealistic] to read
all the books in a day.

➡ 모든 책을 하루에 다 읽는 것은 **현실적이지** 않다.

© Evgeny Atamanenko / Shutterstock

📘 ❶ 불편한 ❷ 현실적인

개념 CHECK

우리말을 참고하여 빈칸에 알맞은 단어를 쓰시오.

- Lie down in a(n) _____ position and relax.

  편안한 자세로 누워 휴식을 취하세요.

📘 comfortable

active - energetic | previous - precious

- **active** — 형 활동적인, ❶ [_____]

- **energetic** — 형 활동적인

> The cat is asleep during the daytime
> but is very active(energetic) at night.
>
> ➡ 그 고양이는 낮 동안 잠을 자지만, 밤에는 매우 활동적이다.

- **previous** — 형 이전의, 앞의; 직전의

- **precious** — 형 ❷ [_____], 소중한

> Her new song is a different genre
> from the | previous / precious | ones.
>
> ➡ 그녀의 새 노래는 **이전** 것들과 다른 장르이다.

답 ❶ 활발한 ❷ 귀중한

개념 CHECK

우리말을 참고하여 빈칸에 알맞은 단어를 쓰시오.

- She is over 70, but she is still very _____.

  그녀는 70세가 넘었지만, 여전히 매우 활동적이다.

답 active(energetic)

- **proper** 　형 적당한, ❶ [　　　]
- **properly** 　부 적절히, 제대로

This video clip shows the ｜proper / properly｜ way to brush your teeth.

➡ 이 영상은 이를 닦는 **적절한** 방법을 보여준다.

- **political** 　형 ❷ [　　　], 정치적인
- **politics** 　명 정치

Voting is an act of ｜political / politics｜ participation.

➡ 투표는 **정치** 참여의 한 행위이다.

답 ❶ 적절한 ❷ 정치의

개념 CHECK

우리말을 참고하여 빈칸에 알맞은 단어를 쓰시오.

- Human bodies need water to work _____.
  인체가 제대로 작동하기 위해서는 물이 필요하다.

답 properly

- **convenient** 형 ❶ [　　　　], 편한

- **inconvenient** 형 불편한, 곤란한

This food is | convenient /
inconvenient | to prepare.

➡ 이 음식은 준비하기가 **편하다**.

© showcake / Shutterstock

- **positive** 형 긍정적인, 낙관적인

- **negative** 형 ❷ [　　　　]

She gave me a | positive / negative |
answer.

➡ 그녀는 나에게 **긍정적인** 답변을 주었다.

답 ❶ 편리한 ❷ 부정적인

개념 CHECK

우리말을 참고하여 빈칸에 알맞은 단어를 쓰시오.

- This oven is very _____ to use.
  이 오븐은 사용하기에 매우 불편하다.

답 inconvenient

effective - ineffective | accurate - exact

- effective   형 효과적인, 효력 있는
- ineffective   형 효과 없는, ❶ _____

Ice packs are | effective / ineffective | in reducing fever.

➡ 얼음팩은 열을 내리는 데 효과적이다.

© Javier Brosch / Shutterstock

- accurate   형 ❷ _____
- exact   형 정확한

This clock is very accurate(exact).

➡ 이 시계는 매우 정확하다.

© reyxrey / Shutterstock

답 ❶ 효력 없는 ❷ 정확한

개념 CHECK

우리말을 참고하여 빈칸에 알맞은 단어를 쓰시오.

- The new drug is _____ against lung cancer.
  그 신약은 폐암에 효과가 있다.

답 effective

evident - evidence | correct - incorrect

- **evident** 〔형〕분명한, 명백한
- **evidence** 〔명〕**❶**[　　　], 근거

It is **evident / evidence** that she is
not happy.

➡ 그녀가 행복하지 않은 것은 **분명**하다.

- **correct** 〔형〕맞는, **❷**[　　　]
- **incorrect** 〔형〕부정확한, 틀린

All the answers are **correct / incorrect** .

➡ 모든 답이 **맞다**.

〔답〕**❶**증거 **❷**정확한

개념 CHECK

우리말을 참고하여 빈칸에 알맞은 단어를 쓰시오.

- We must stop the spread of _____ information.

  우리는 부정확한 정보의 확산을 막아야 한다.

〔답〕incorrect

39 external - internal │ furthermore - moreover

- **external** 형 **❶** [　　　　　]
- **internal** 형 내부의

The [external / internal] appearance of the book is old.

➡ 그 책의 **외관**은 낡았다.

© Kaspars Grinvalds / Shutterstock

- **furthermore** 부 더욱이, 게다가
- **moreover** 부 **❷** [　　　　　], 게다가

It is hot. Furthermore(Moreover), it is dry.

➡ 날씨가 덥다. **게다가**, 건조하다.

© Getty Images Bank

답 ❶ 외부의 ❷ 더욱이

개념 CHECK

우리말을 참고하여 빈칸에 알맞은 단어를 쓰시오.

- Today, we'll learn the _____ structure of the Earth.

  오늘, 우리는 지구의 내부 구조를 배울 것이다.

답 internal

40 jealous - envious │ constant - construct

- **jealous**　　　　🔲 선망하는; 질투하는
- **envious**　　　　🔲 ❶ [　　　], 선망하는

Everybody was jealous(envious) of her.

➡ 모두가 그녀를 부러워했다.

- **constant**　　　　🔲 끊임없는, ❷ [　　　]
- **construct**　　　　🔲 건설하다

The speaker has made | constant / construct | noise.

➡ 그 스피커는 **끊임없는** 소음을 만들어냈다.

🔲 ❶ 부러워하는 ❷ 지속적인

개념 CHECK

우리말을 참고하여 빈칸에 알맞은 단어를 쓰시오.

- The school was _____ed in 1971.

  그 학교는 1971년에 건설되었다.

🔲 construct

memo

memo

memo

memo

memo

영어전략